ORATORIO 예수 탄생

(사)한국기독교교육교역연구원 편
작곡 김신웅 / 대본 임창복

사단법인 한국기독교교육교역연구원
www.kcemi.or.kr

머리말

2017년에 출판된 셈 연구시리즈 48 『오라토리오-예수 그리스도』에 이어 이번에는 셈 연구시리즈 58 『오라토리오-예수 탄생』이라는 책을 출판하게 되었습니다. 대본 작업과 작곡 작업을 은혜 가운데 마치게 하시어 이 책이 세상에 나오게 하신 하나님께 이 책을 올려드립니다. 본 연구원이 이와 같은 사역을 할 수 있도록 기도하시며 후원하여 주신 이사님들과 교회들, 그리고 개인 후원자들께 깊은 감사를 드립니다.

본 연구원은 2014년 전부터 복음서들에 있는 예수 그리스도의 탄생, 사역, 십자가, 부활, 승천과 재림에 관한 말씀중심의 노래 만들기를 시도하고자 노력하였습니다. 그러던 중 2015년 초 장로회신학대학교 작곡전공의 김신웅 교수님께서 이 사역에 흔쾌히 동참하시게 되어 제가 쓴 본서의 대본에 작곡이 시작되었고, 드디어 2017년 4월 말에 완성된 바 있습니다. 그런데 『오라토리오 예수 그리스도』에서 예수님의 탄생을 충분하게 다룰 수 없었기에 이번에 총 4부로 나누어 『오라토리오-예수 탄생』이라는 책이 출판되었습니다. 바쁜 일정을 쪼개어 본서가 나올 수 있도록 기도하면서 심혈을 기울여 작곡해 주신 김신웅 교수님께 깊은 감사를 드립니다.

『오라토리오-예수 탄생』은 모두 4부로 구성됩니다. 제1부 '예수의 나심을 예고하다'는 서창과 서곡에 이어 2개의 주제로 구성됩니다 : '은혜를 받은 마리아여' ; '마리아의 찬가.' 제2부 '예수 그리스도 나시다'는 12개의 주제로 구성됩니다 : '예수의 어머니 마리아가' ; '다윗 자손 요셉아' ; '이 모든 일이 된 것은' ; '보라 처녀가 잉태하여' ; '그 때에 가이사 아구스도가' ; '베들레헴 에브라다야' ; '거기 있을 그 때에' ; '무서워하지 말라' ; '오늘 다윗의 동네에' ; '지극히 높은 곳에서는' ; '이제 베들레헴으로 가서' ; '빨리 가서 아기를 찾아보자' 제3부 '동방박사들 경배하러 오다'는 6개의 주제로 구성됩니다 : '헤롯 왕 때에' ; '유대인의 왕으로 나신 이가 어디에 있느냐' ; '헤롯 왕과 온 예루살렘이 듣고 소동하네' ; '헤롯이 가만히 박사들을 불러' ; '가서 아기에 대하여 자세히 알아보고 찾거든' ; '동방박사들 왕의 말을 듣고 갈새' 제4부 '말씀이 육신 되시다'는 3개의 주제로 구성됩니다 : '태초에 말씀이 계시니라' ; '참 빛 곧 세상에 와서 각 사람에게 비추는 빛' ; '말씀이 육신이 되어'

이상의 4부의 대본작업은 그 모든 주제의 제목과 내용을 성경말씀에 기초를 두었고, 가능한 한 성경말씀을 있는 그대로 최대한 사용하였습니다. 이 같은 과정을 거쳐 대본작업이 끝난 후, 작곡가 김신웅 교수님이 작곡에 들어가기 전에 다시 대본 전체를 저와 함께 살피면서 음악적인 부분에 있어 꼭 필요한 부분의 대본을 일부 수정하였습니다. 그리고 또한 실제 작곡하는 과정에서도 저와 상의하면서 대본 수정이 약간 있었습니다. 한 곡 한 곡 작곡되어 가는 과정에서 김신웅 작곡가의 피나는 수고가 있었음을 말씀드리고 싶습니다. 뼈 깎는 수고의 열매로 이 책이 여러분 손에 있게 되었습니다. 김신웅 작곡가와 다음에는 '오라토리오 예수 그리스도 재림'이라는 책을 준비하기 위하여 현재 대본작업을 하고 있으며, 대본 작업이 끝나는 대로 작곡 작업에 들어갈 예정입니다. 이를 잘 감당할 수 있도록 기도 부탁드립니다.

본서를 통해서 하나님을 떠나 여러 양상의 죄와 허물 가운데 있는 우리의 죄를 대속하시기 위하여 하나님의 아들로 이 땅에 오신 예수 그리스도 탄생의 말씀이 음악으로 온 땅에 울려 퍼지기를 바랍니다.

사단법인 한국기독교교육교역연구원 원장
장로회신학대학교 기독교교육학 명예교수
임창복 원장 목사

작곡가의 말

오라토리오 〈예수 탄생〉의 작곡을 마칠 수 있도록 영감을 주신 하나님께 감사와 영광을 돌립니다. 2017년도에 작곡한 오라토리오 〈예수 그리스도〉의 성공적인 연주 이후에 이의 후속 작품을 작곡해야겠다는 생각을 했는데 이번에 〈예수 탄생〉을 작곡함으로 예수님의 생애 시리즈가 어느 정도 완성된 것 같아 기쁘고 감사한 마음입니다.

이 곡을 작곡하게 된 배경에는 영락교회 갈릴리찬양대 지휘자인 조성환 교수(장로회신학대학교 교회음악학과)의 성탄절 음악에 관한 작품 제안이 있었습니다. 마침 제가 지휘를 맡은 소망교회 베다니찬양대에서도 2019년 성탄절에 연주할 곡을 찾고 있었는데 이 기회에 성탄 오라토리오를 작곡하는 것도 좋을 것 같다는 생각을 하게 되었습니다. 저는 이 상황을 임창복 교수님께 말씀드렸고 임 교수님께서 흔쾌히 예수 탄생에 대한 대본을 작성해 주심으로 오늘의 작품에 이르게 되었습니다.

이 대본은 총 4부로 구성되어 있습니다. 제1부~제3부 동안의 예수 탄생에 관한 이야기에서는 누가복음 1장 26절을 시작으로 마태복음, 이사야, 미가서의 말씀으로 전개되는데 제4부에서는 요한복음 1장의 내용으로 이 모든 사건을 신학적으로 재해석을 하며 총정리합니다. 이는 지금까지의 성탄 음악과는 다른 것으로 오직 성경으로 시작하여 성경으로 마감하고 이를 다시 성경으로 해석한 그야말로 온전한 복음의 음악 이야기라 말할 수 있겠습니다. 이렇듯 이 곡의 대본에는 성경 말씀이 그대로 들어가 있기에 곡을 쓰는 것에 있어서도 이를 가능한 한 가감 없이 그대로 사용하려 하였습니다. 음악적인 부분에 있어서 꼭 필요한 부분은 말의 뉘앙스를 조금 바꾸되 이에 대해서는 임 교수님과 긴밀히 상의하여 신학적으로 문제가 없는지 검토하였습니다.

음악에 있어서 이 작품에는 해설을 맡은 Tenor solo의 Recitative 비중이 큽니다. 이는 성경 말씀을 음악으로 온전히 전달하기 위함이며 이를 통해 사건이 자연스럽게 전개되는 역할을 하게 됩니다. 긴장감 있는 음악의 변화를 위해 각 파트의 솔로와 합창이 병행되며 여기에 여성합창과 남성합창도 구분되어 등장합니다. 전반적으로 기능화성의 틀 내에서 음악을 만들어나가되 극적 전개를 위해서는 이를 벗어나 음악의 색채를 다양화하려 하였습니다. 피아노 반주는 오케스트라 편곡을 염두에 두고 작곡하였으며 현재는 이를 작업 중에 있습니다.

이 곡의 작곡 과정에는 임 교수님의 아낌없는 격려와 조언 그리고 기도가 있었습니다. 저는 한 곡 한 곡이 완성될 때마다 임 교수님과 함께 의견을 나누었고 음악과 신학이 서로 잘 맞물릴 수 있도록 많은 시간을 함께 고민하며 연구하였습니다. 이 작품을 작곡하는 시간은 저에게 그야말로 은혜의 시간이었습니다. 예수 탄생에 관한 말씀이 제 몸속에 음악으로 흐를 때마다 하나님께서 부어주시는 신비로운 감동을 체험하게 되었습니다. 부디 이 곡을 연주하는 모든 분과 듣는 이들이 제가 먼저 받았던 감동을 그대로 누릴 수 있게 되기를 간절히 바랍니다.

마지막으로 이 곡의 초연을 위해 애쓰는 소망교회 베다니찬양대원들과 영락교회 갈릴리찬양대원들에게 감사의 말씀을 드립니다. 악보의 교정을 위해 많은 수고를 해 준 최이삭 조교(장신대)에게 고마움을 표합니다. 저를 언제나 응원해 주는 사랑하는 아내 김지은과 예쁜 두 딸 시온과 다온에게 이 음악을 선물하며 예수님의 탄생을 축하합니다.

2019년 9월 3일 광나루에서
장로회신학대학교 교회음악학과 작곡전공 교수
김신웅

오라토리오 '예수 탄생'
Oratorio 'The Birth of Jesus'

대본 : 임창복
작곡 : 김신웅

등장인물
Soprano : 마리아, 천사　　　　Alto : 천사
Tenor : 해설　　　　　　　　Baritone : 목자, 헤롯

제1부 // 예수의 나심을 예고하다

　　　서창 Introduction / 7
　　　서곡 Overture / 8
　　　No.1 은혜를 받은 마리아여 – Chorus with Recitative (Sop. & Alto) / 11
　　　No.2 마리아의 찬가 – Aria (Sop.) and Chorus / 18

제2부 // 예수 그리스도 나시다

　　　No.3 예수의 어머니 마리아가 – Recitative (Ten.) / 25
　　　No.4 다윗 자손 요셉아 – Male Chorus / 26
　　　No.5 이 모든 일이 된 것은 – Recitative (Ten.) / 28
　　　No.6 보라 처녀가 잉태하여 – Chorus / 28
　　　No.7 그 때에 가이사 아구스도가 – Recitative (Ten.) / 34
　　　No.8 베들레헴 에브라다야 – Chorus / 36
　　　No.9 거기 있을 그 때에 – Recitative (Ten.) / 45
　　　No.10 무서워하지 말라 – Female Chorus / 46
　　　No.11 오늘 다윗의 동네에 – Recitative (Sop.) / 47
　　　No.12 지극히 높은 곳에서는 – Chorus / 48
　　　No.13 이제 베들레헴으로 가서 – Recitative (Bar.) / 58
　　　No.14 빨리 가서 아기를 찾아보자 – Chorus / 58

제3부 // 동방박사들 경배하러 오다

    No. 15 헤롯 왕 때에 – Recitative (Ten.) / 65

    No. 16 유대인의 왕으로 나신 이가 어디에 있느냐 – Male Chorus / 66

    No. 17 헤롯 왕과 온 예루살렘이 듣고 소동하네 – Chorus / 73

    No. 18-1 헤롯이 가만히 박사들을 불러 – Recitative (Ten.) / 87

    No. 18-2 가서 아기에 대하여 자세히 알아보고 찾거든 – Recitative (Bar.) / 88

    No. 19 동방박사들 왕의 말을 듣고 갈새 – Chorus / 89

제4부 // 말씀이 육신 되시다

    No. 20 태초에 말씀이 계시니라 – Recitative (Alto) with Chorus / 103

    No. 21 참 빛 곧 세상에 와서 각 사람에게 비추는 빛 – Soprano solo with Chorus / 107

    No. 22 말씀이 육신이 되어 – Chorus with Soloists (Finale) / 114

연주시간 : 약 42분

1부 - 예수 나심이 예고되다
Introduction
서창

김신웅 작곡
Music by Shin-Woong Kim

Overture
서곡

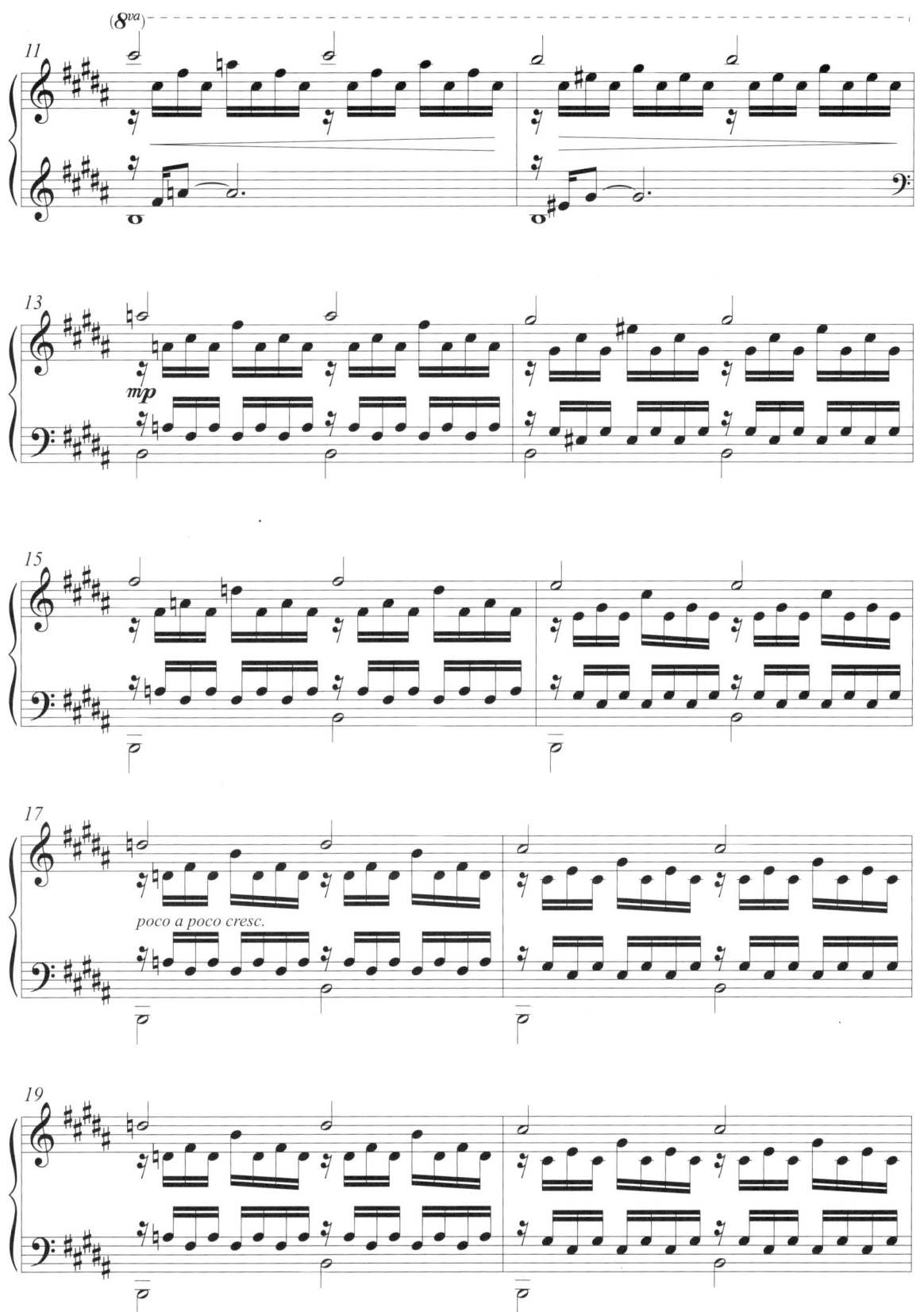

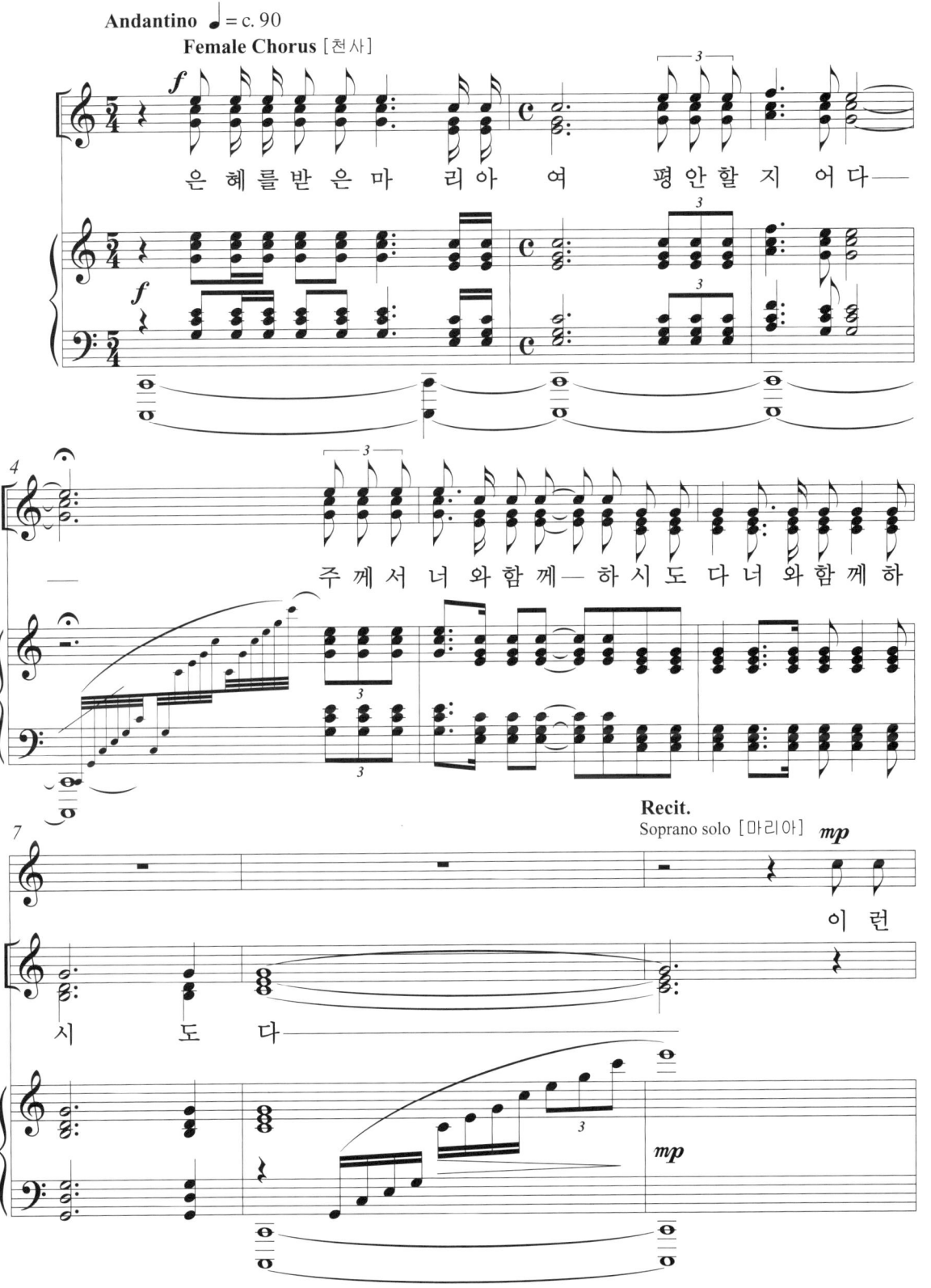

Aria (Sop.) and Chorus
No.2 마리아의 찬가

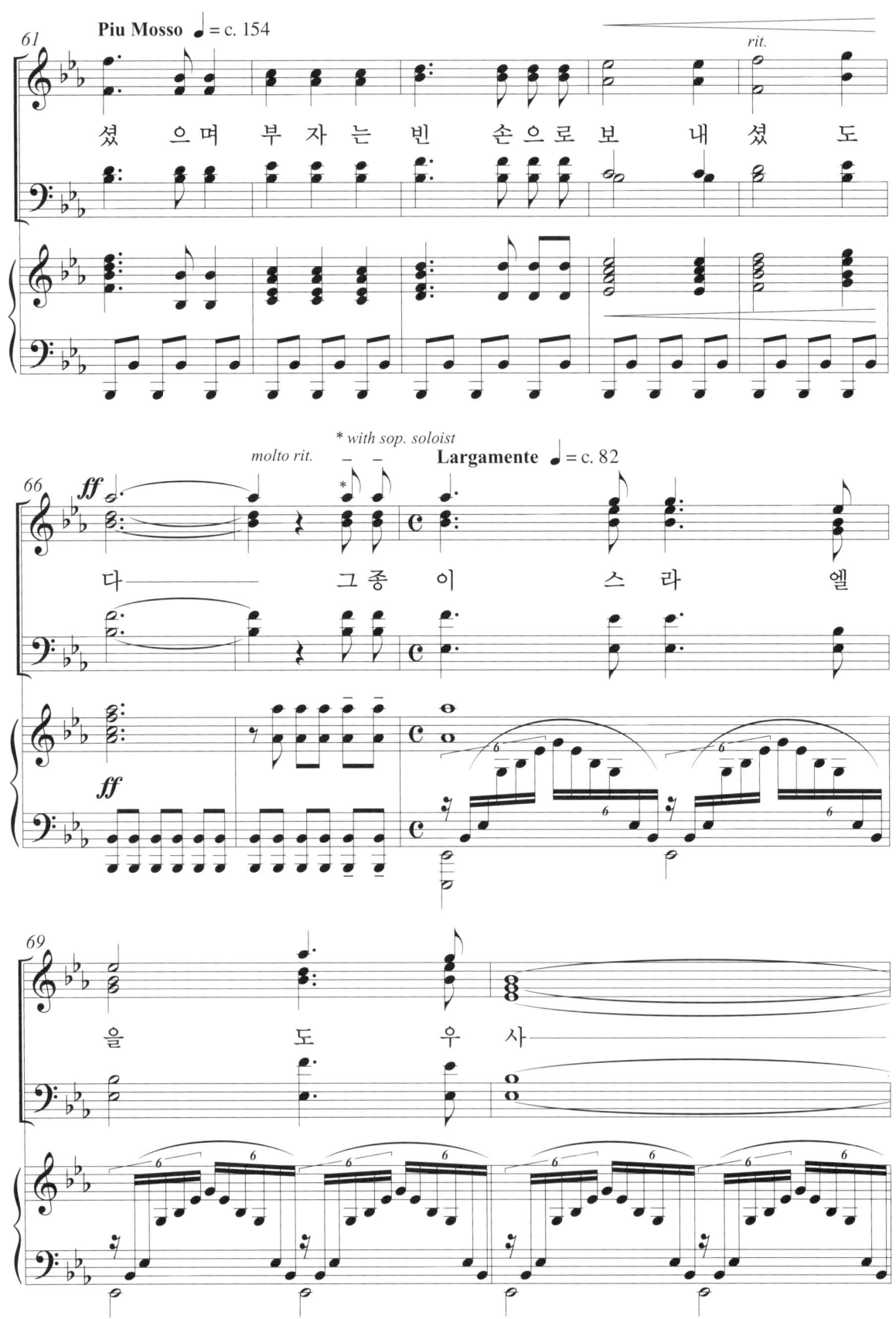

2부 - 예수 그리스도 나시다

No.3 예수의 어머니 마리아가
Recitative (Ten.)

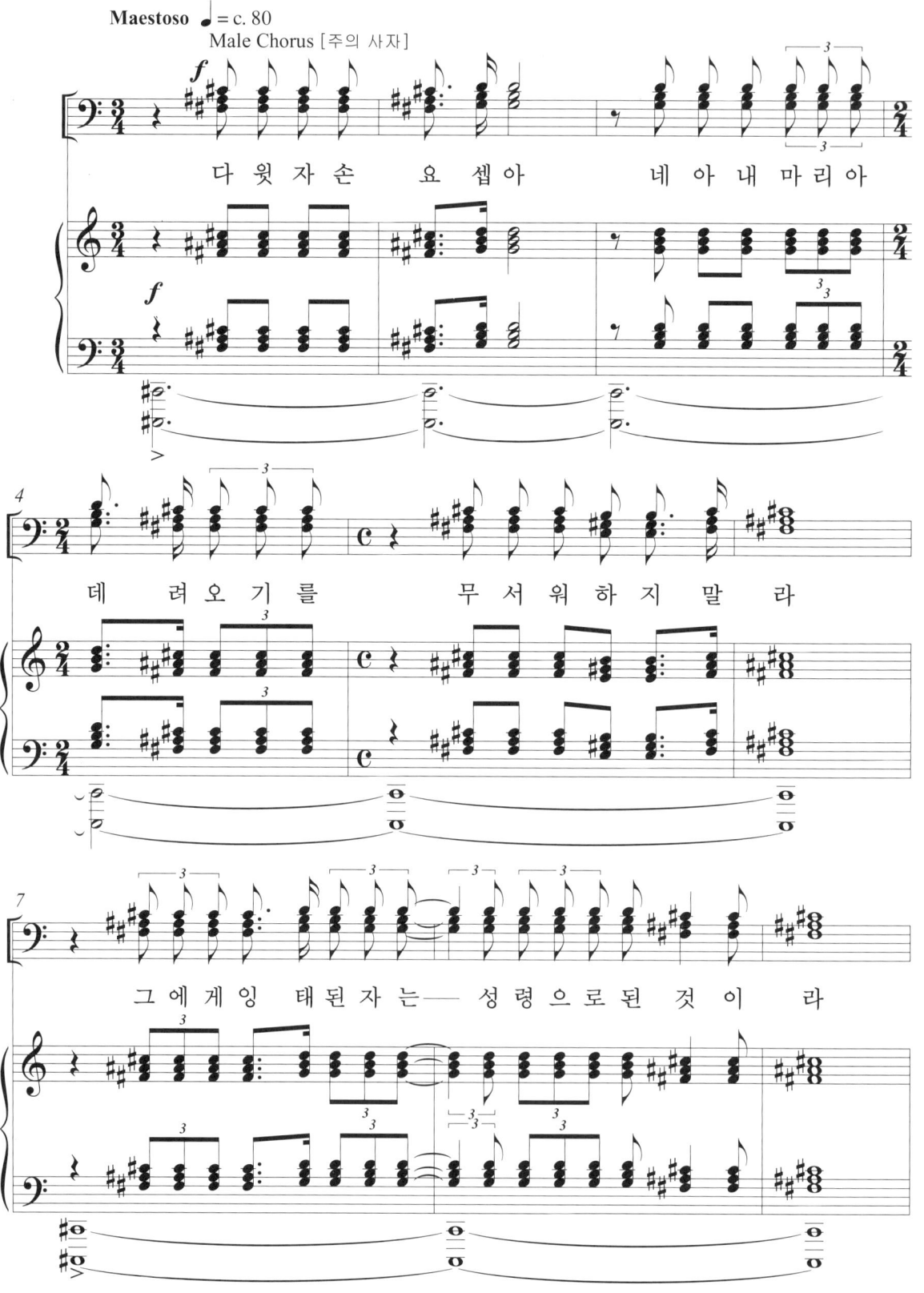

Recitative (Ten.)
No.5 이 모든 일이 된 것은

Chorus
No.6 보라 처녀가 잉태하여 아들을 낳으리라

Recitative (Ten.)
No.7 그 때에 가이사 아구스도가

No.8 베들레헴 에브라다야

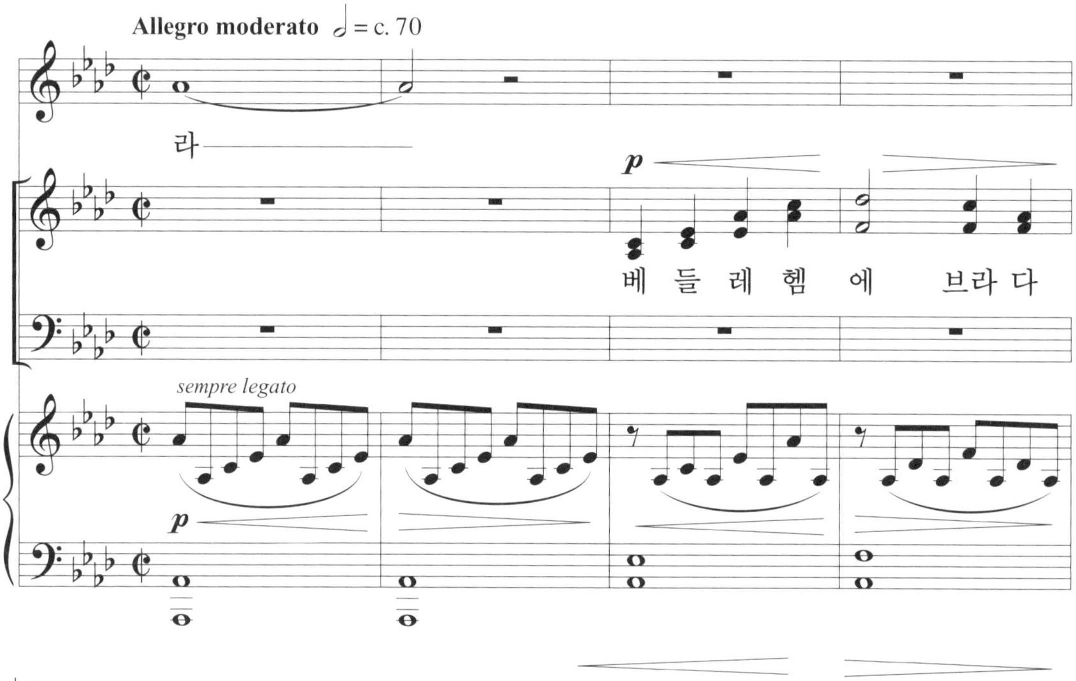

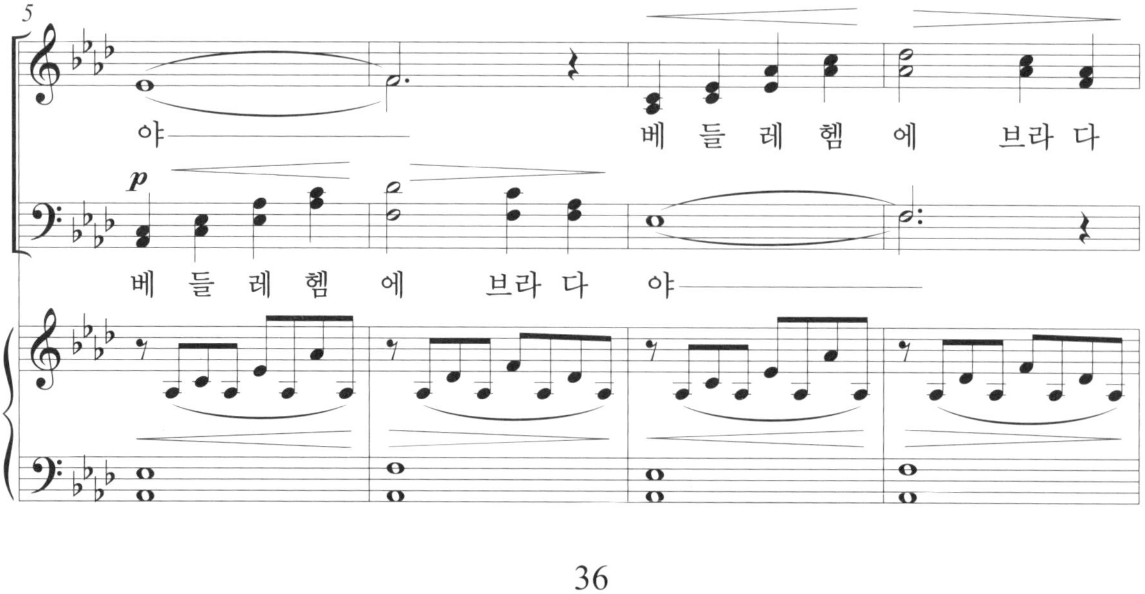

Chorus

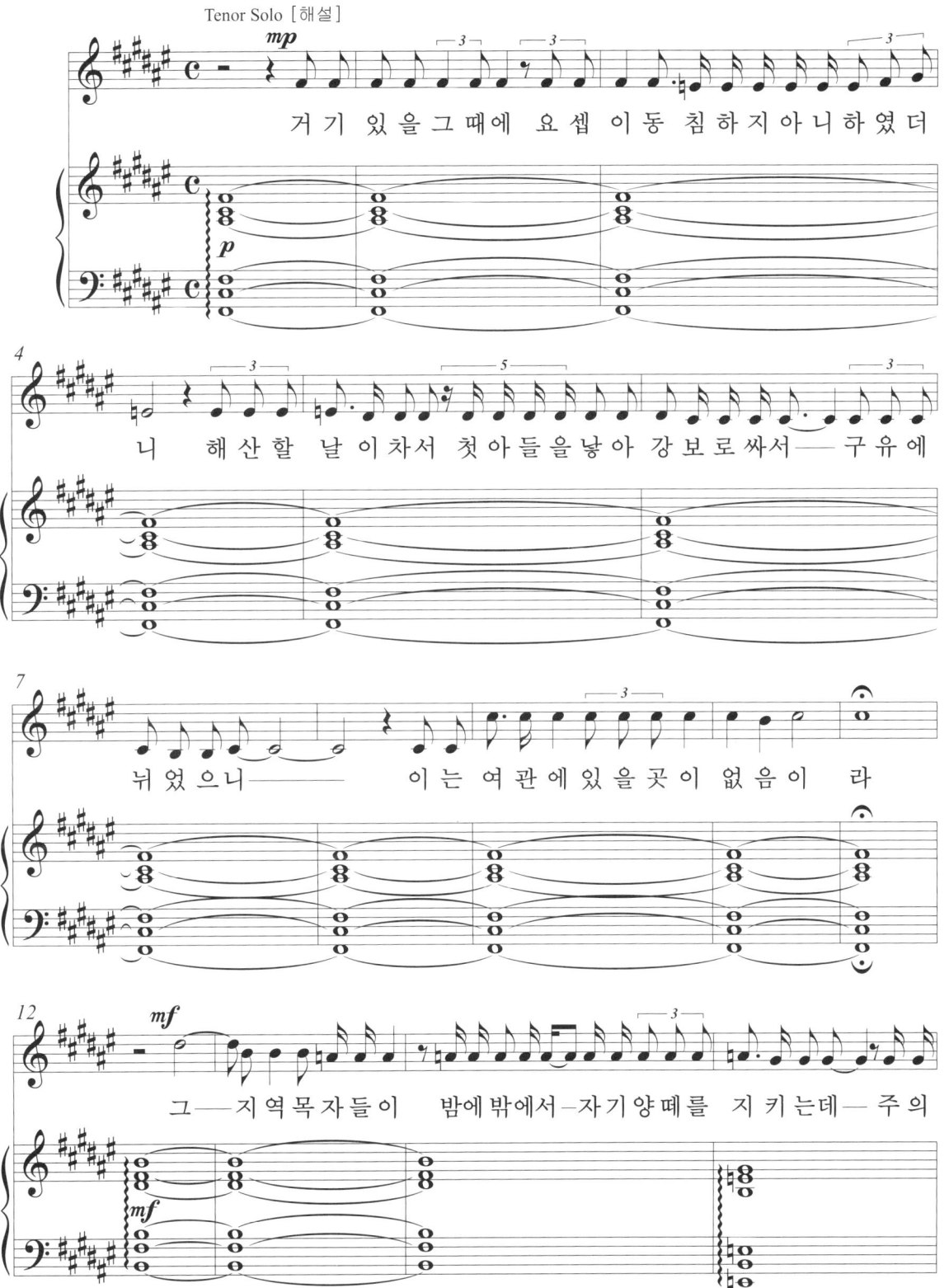

Female Chorus
No.10 무서워하지 말라

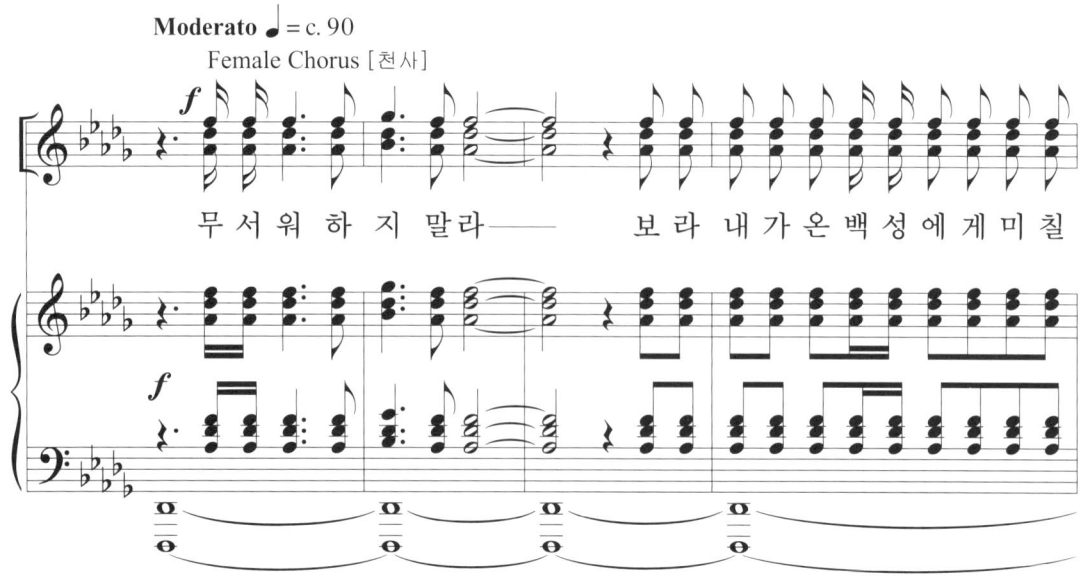

Recitative (Sop.)
No.11 오늘 다윗의 동네에

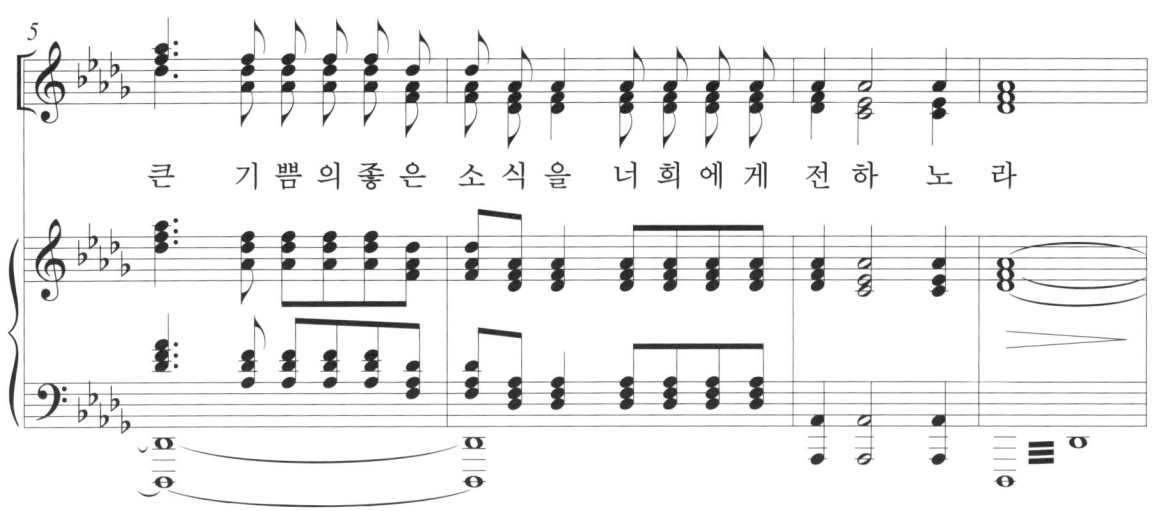

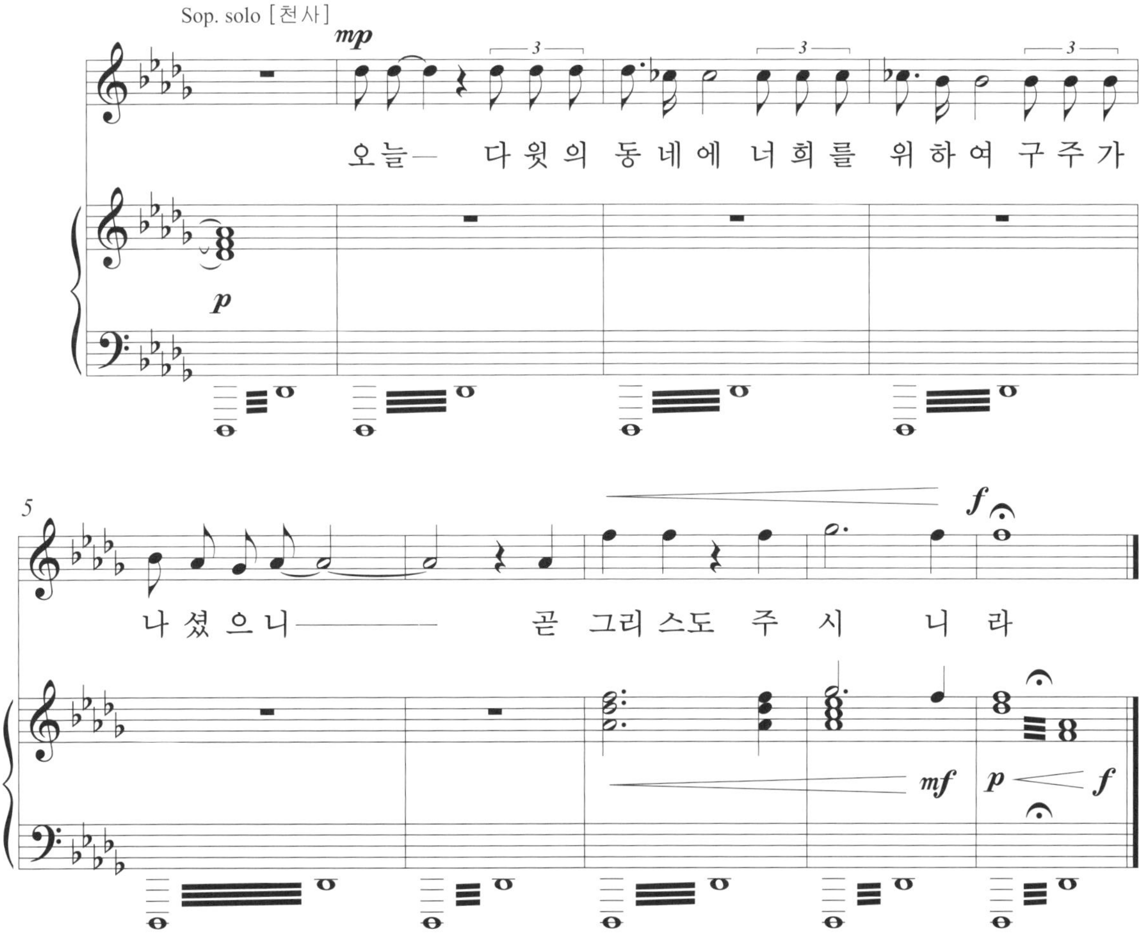

Chorus
No.12 지극히 높은 곳에서는

48

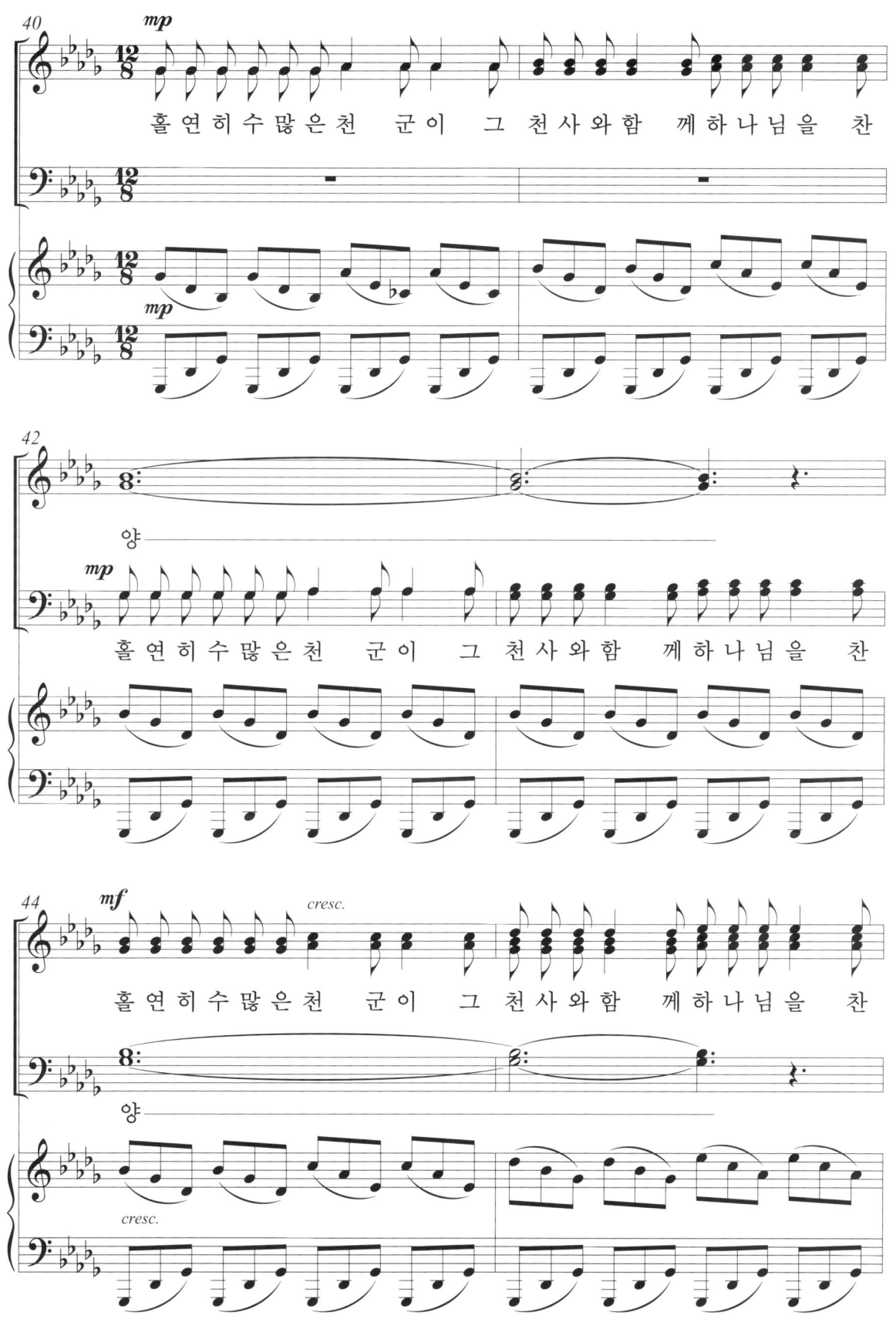

Recitative (Bar.)
No.13 이제 베들레헴으로 가서

Chorus
No.14 빨리 가서 아기를 찾아보자

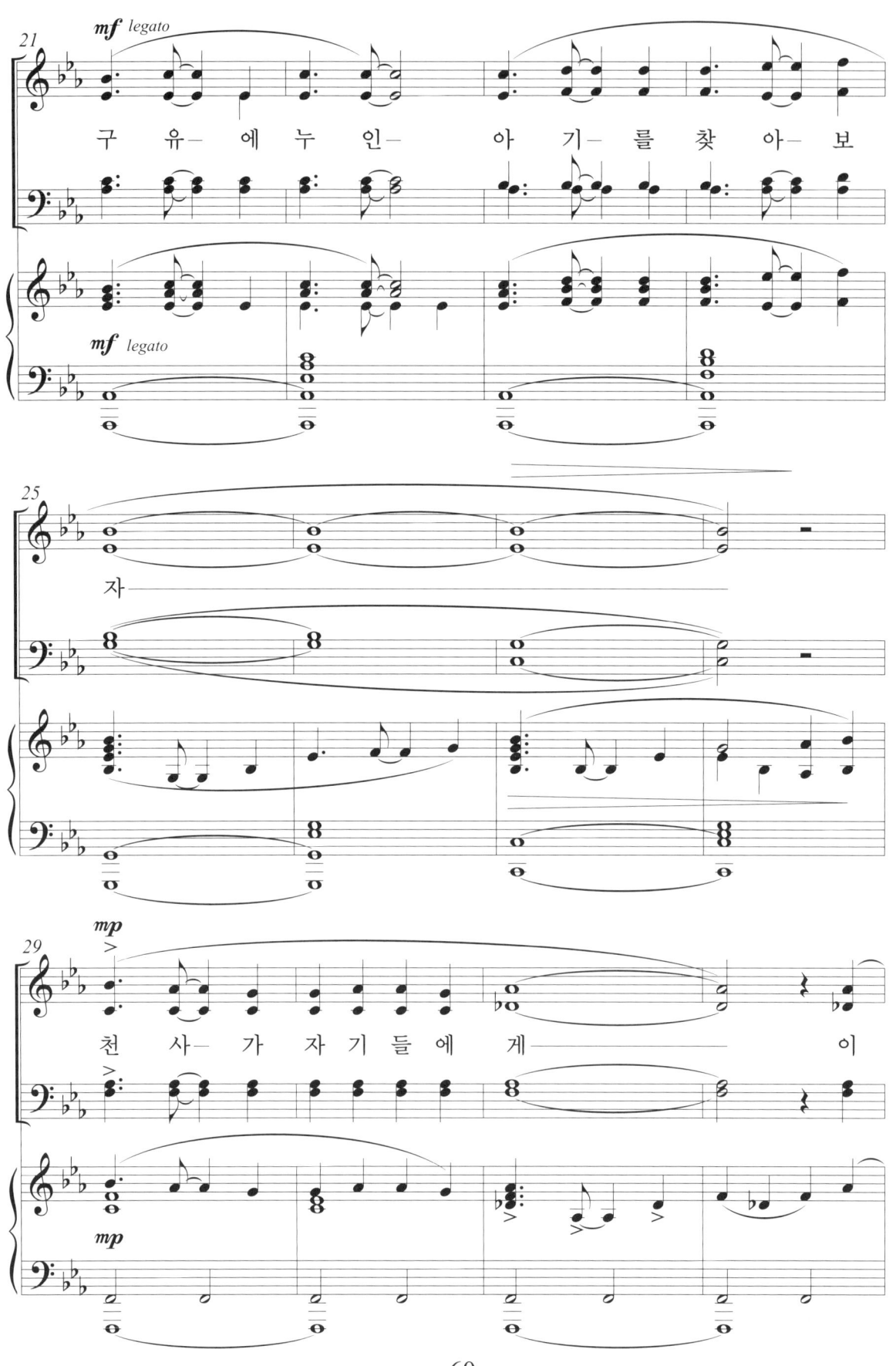

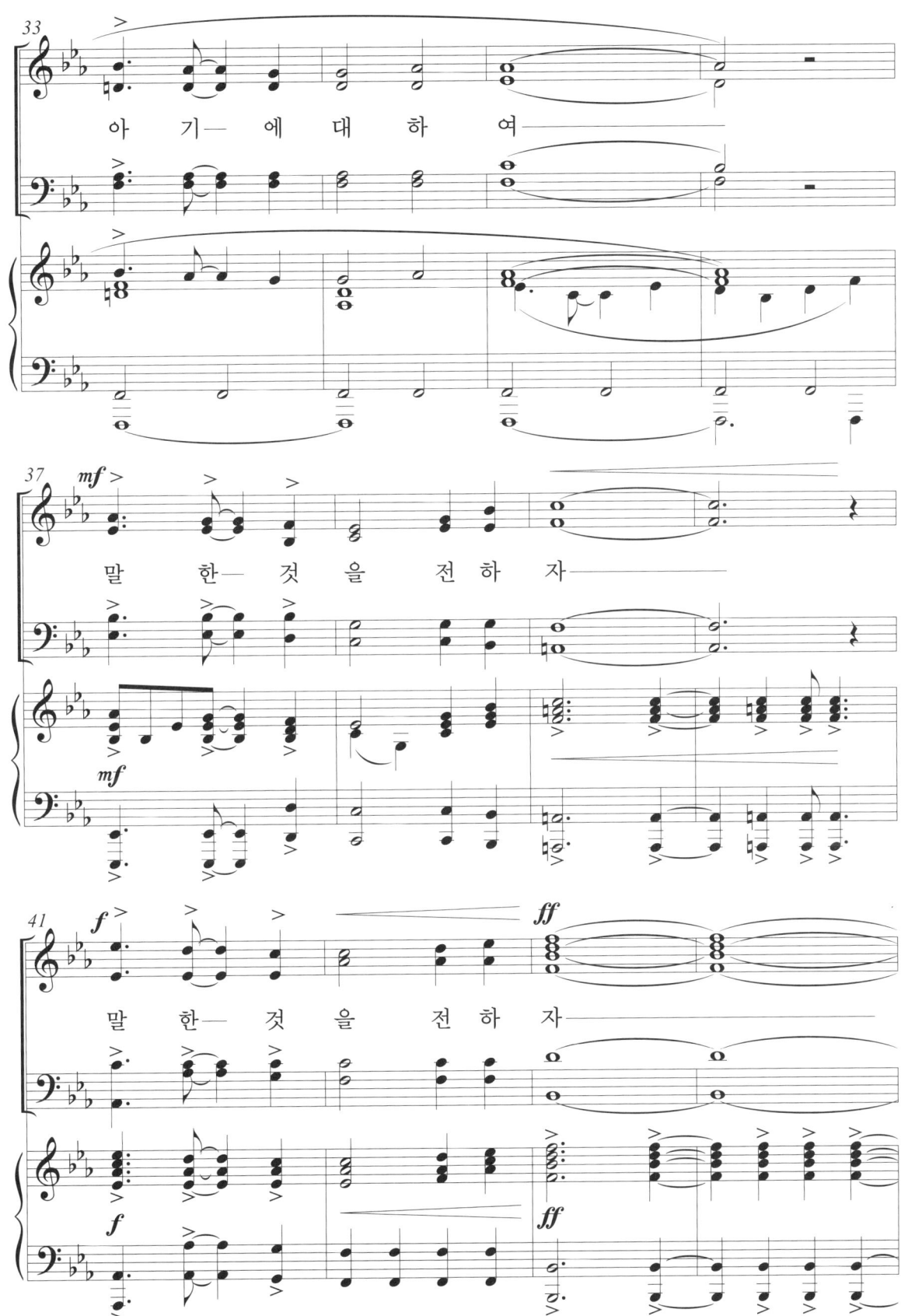

3부 - 동방박사들 경배하러 오다

Recitative (Ten.)
No.15 헤롯 왕 때에

Male Chorus
No.16 유대인의 왕으로 나신 이가 어디에 있느냐

Chorus
No.17 헤롯 왕과 온 예루살렘이 듣고 소동하네

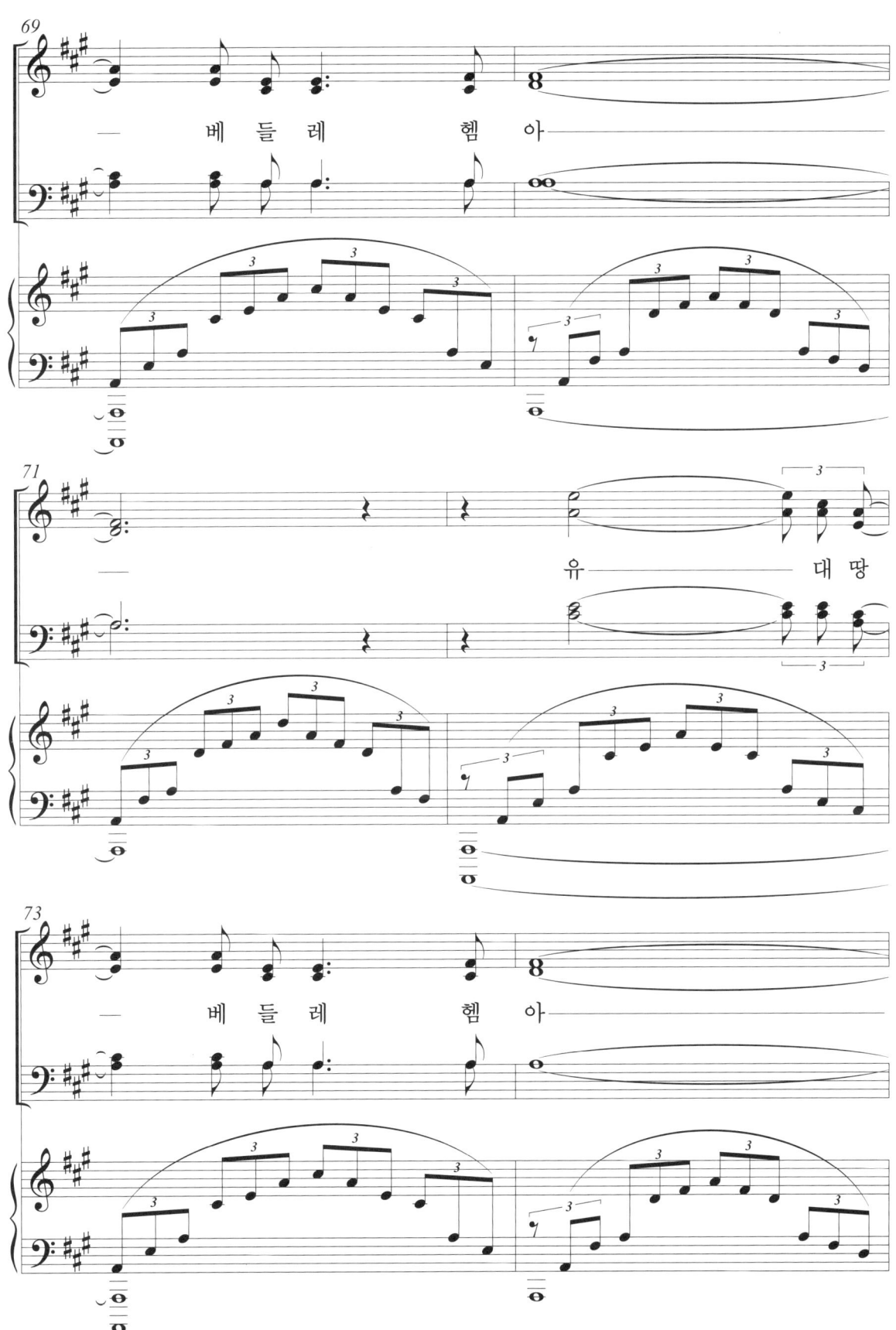

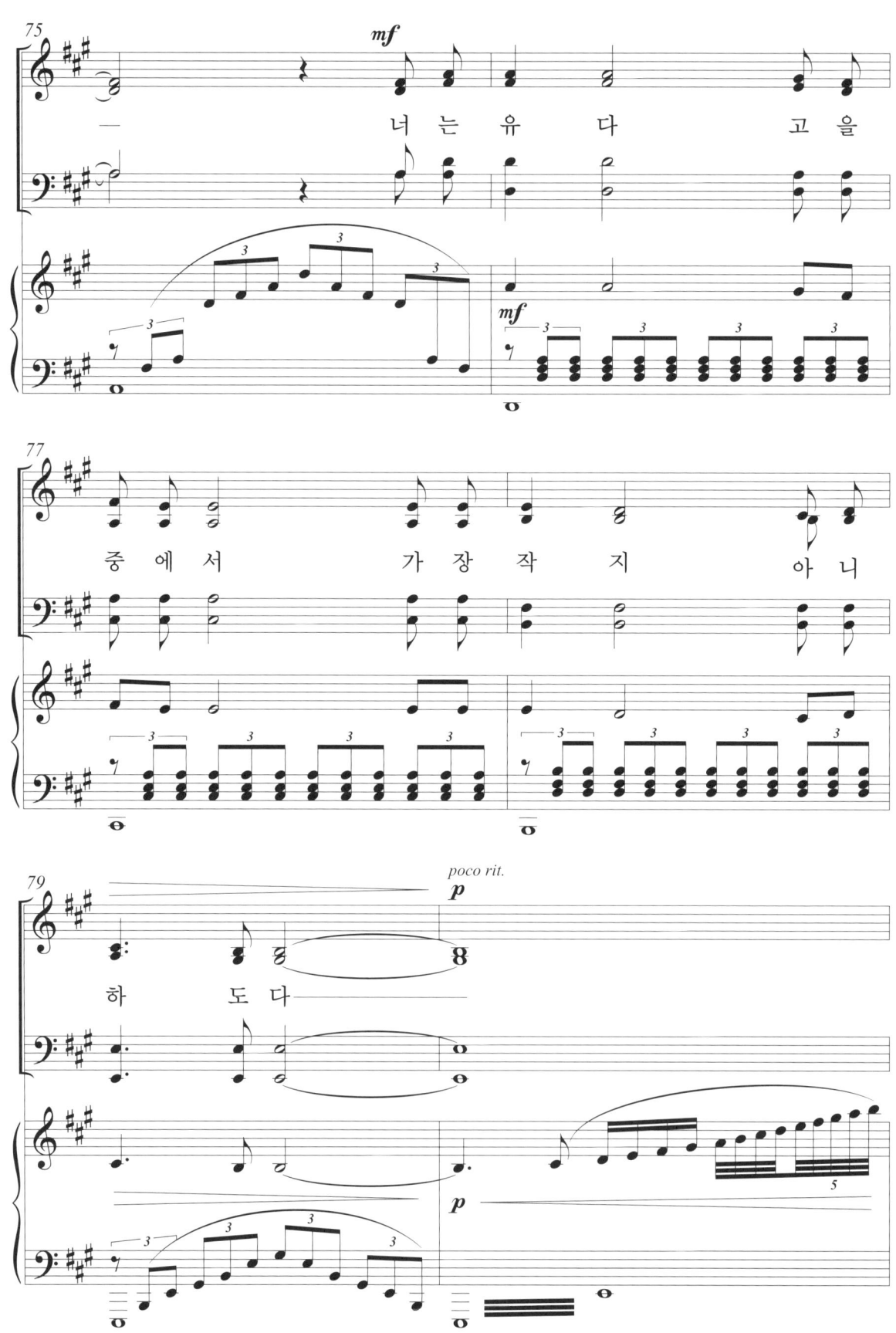

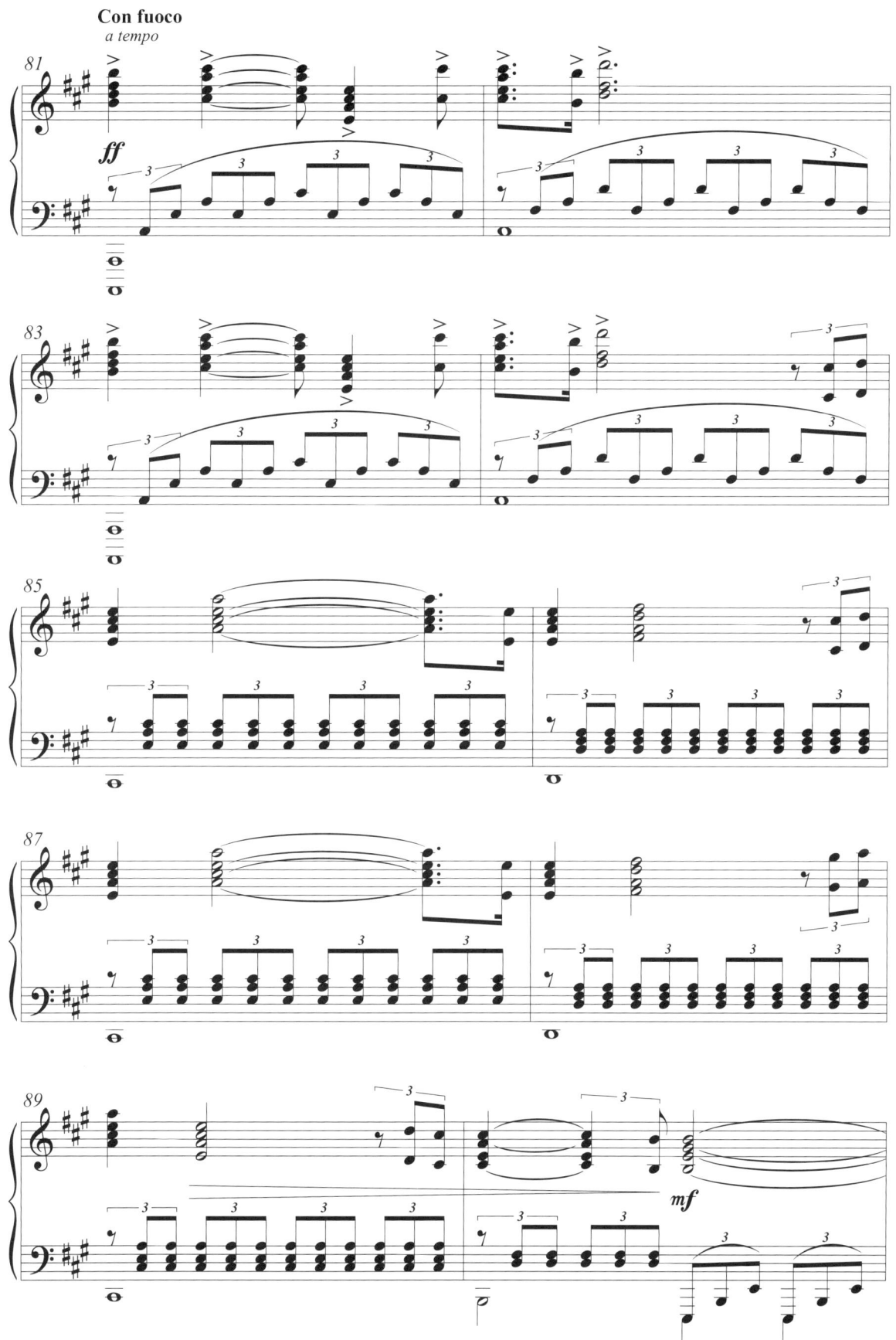

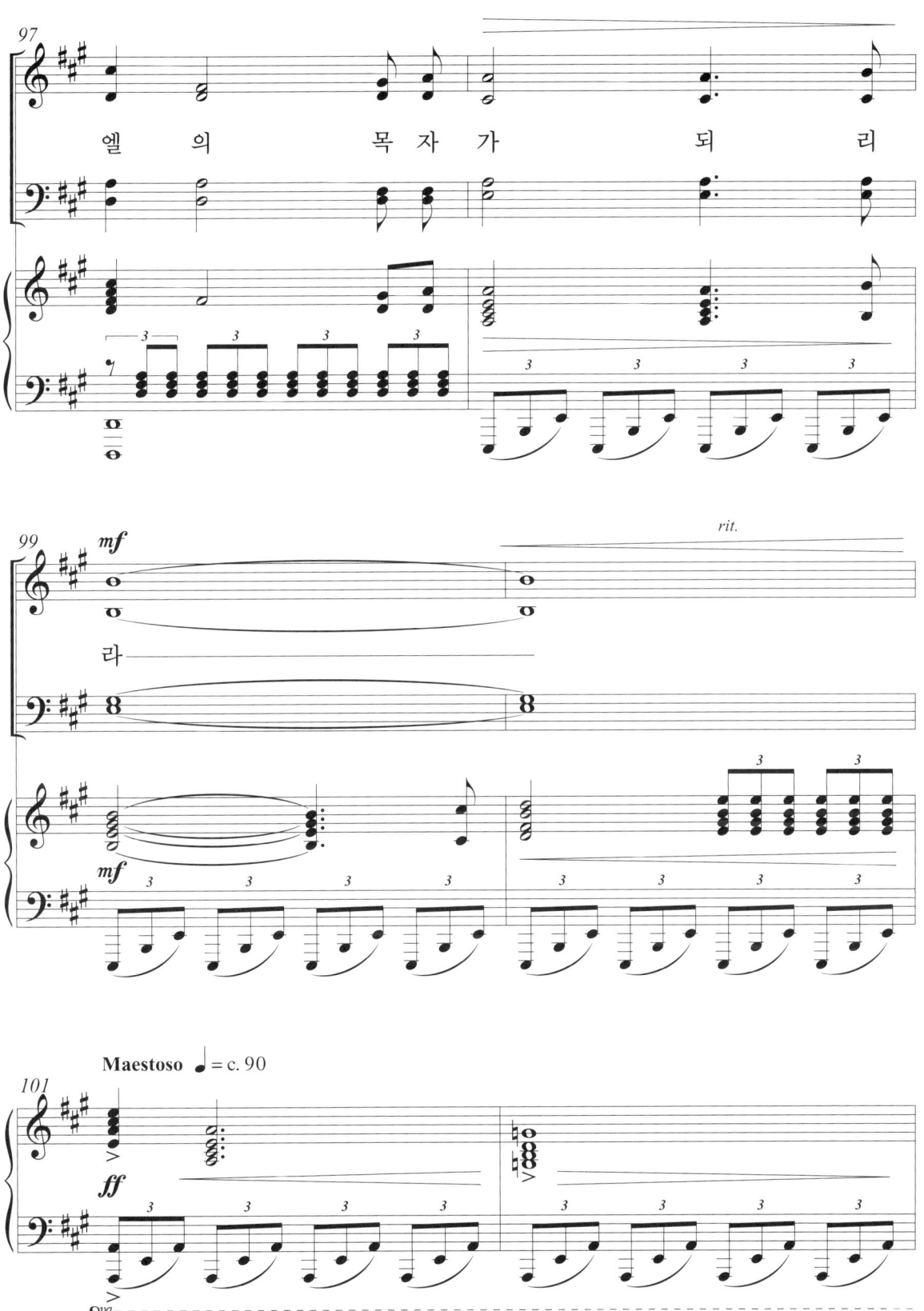

Recitative (Ten.)
No.18-1 헤롯이 가만히 박사들을 불러

Recitative (Bar.)
No.18-2 가서 아기에 대하여 자세히 알아보고 찾거든

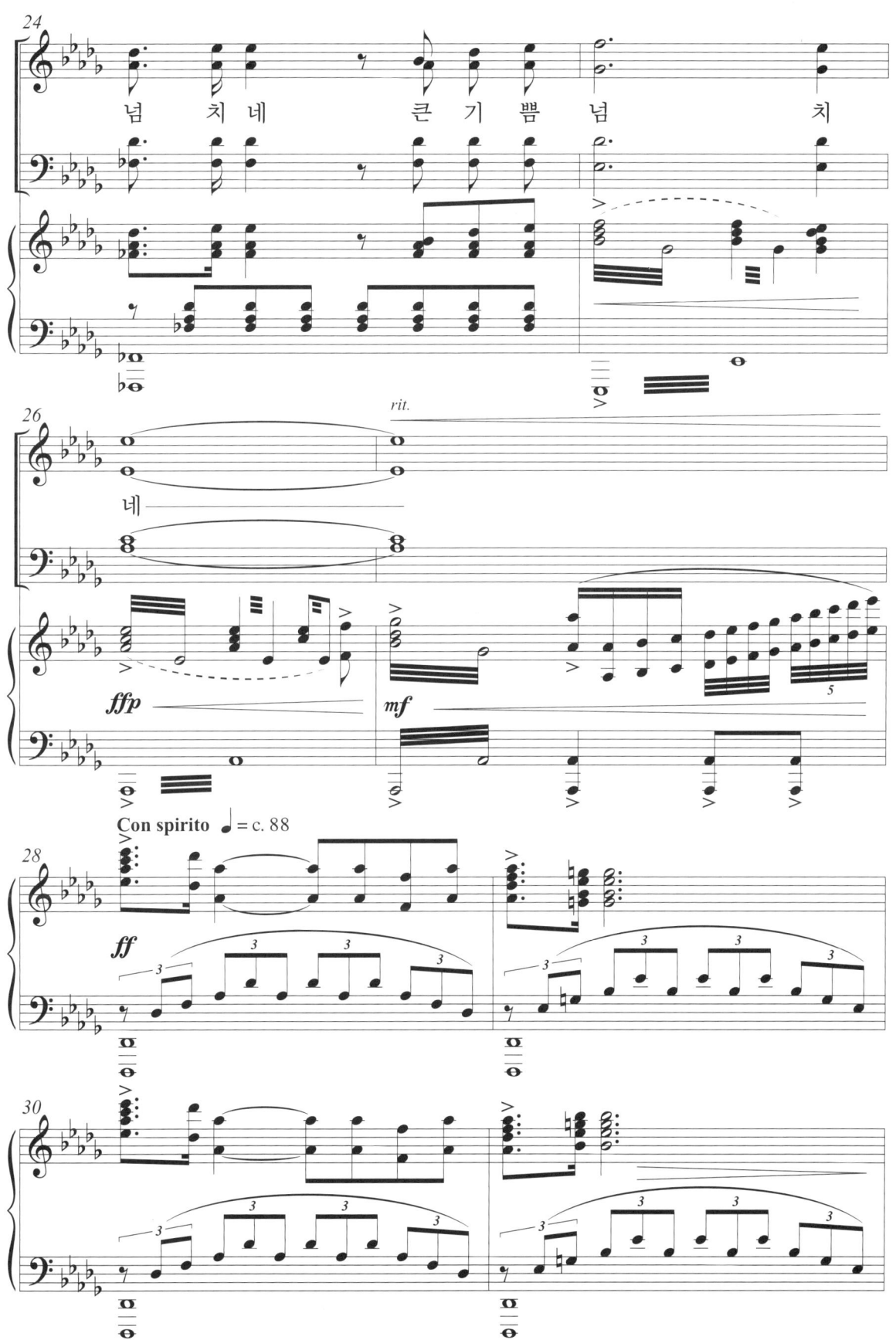

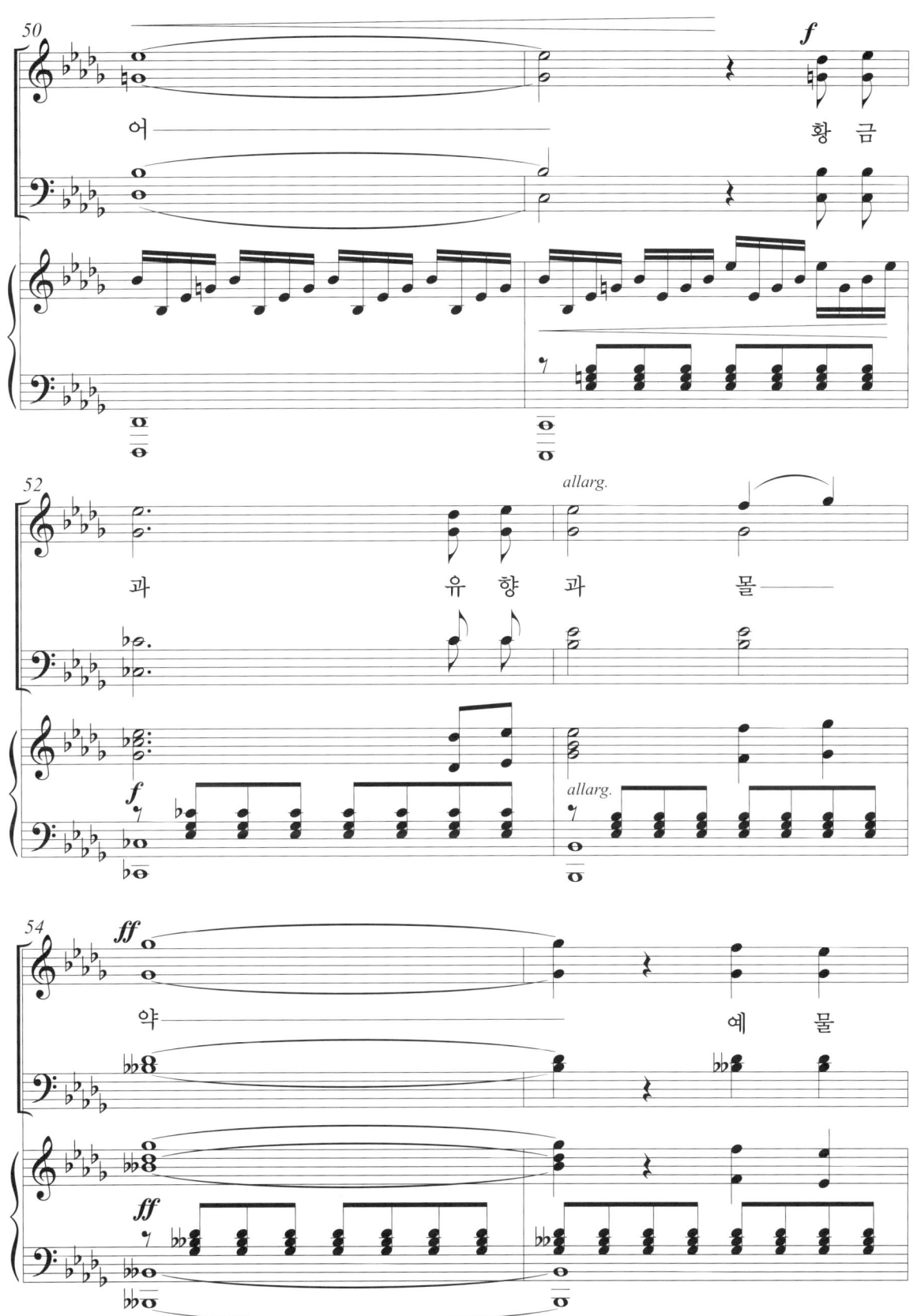

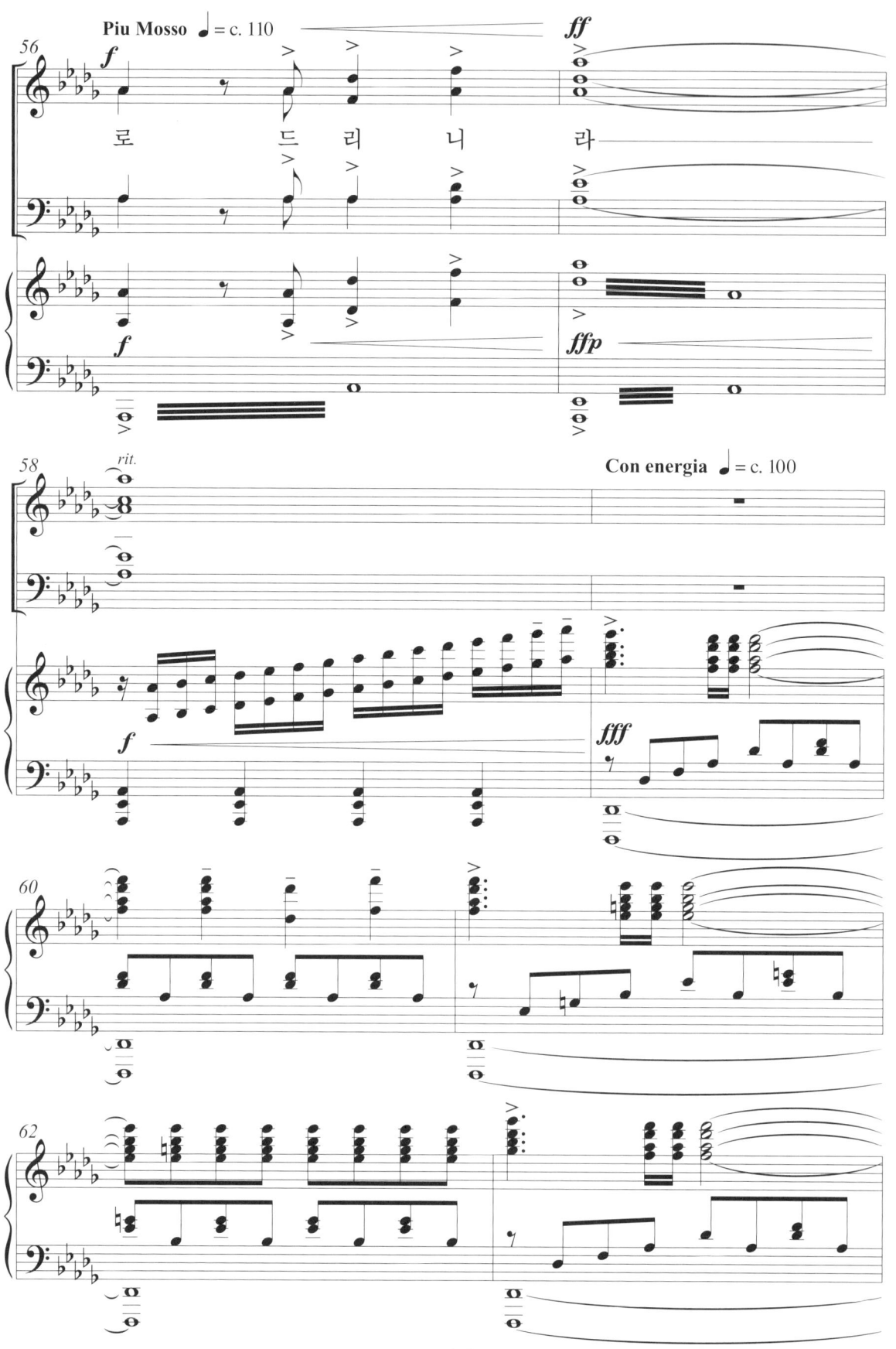

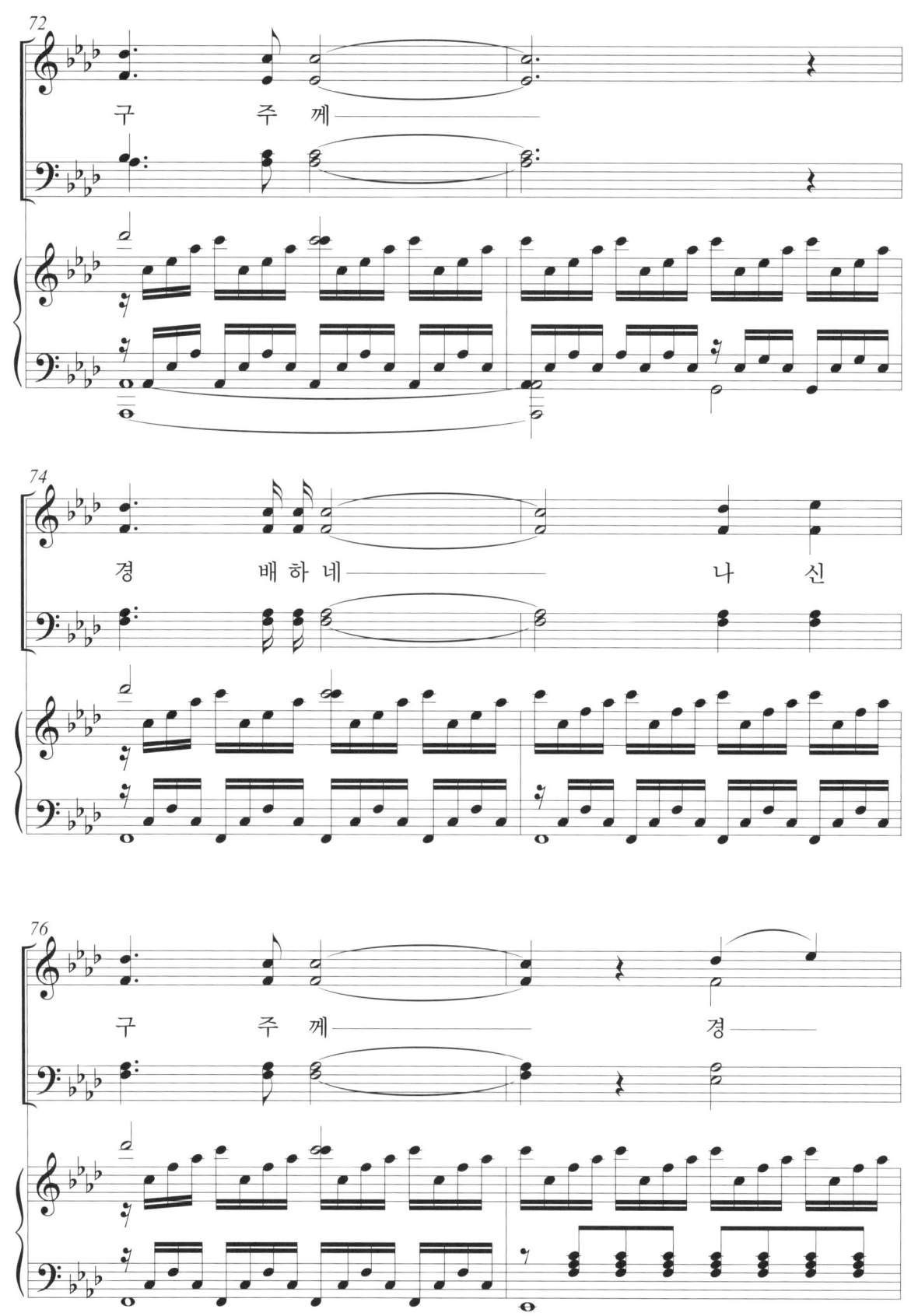

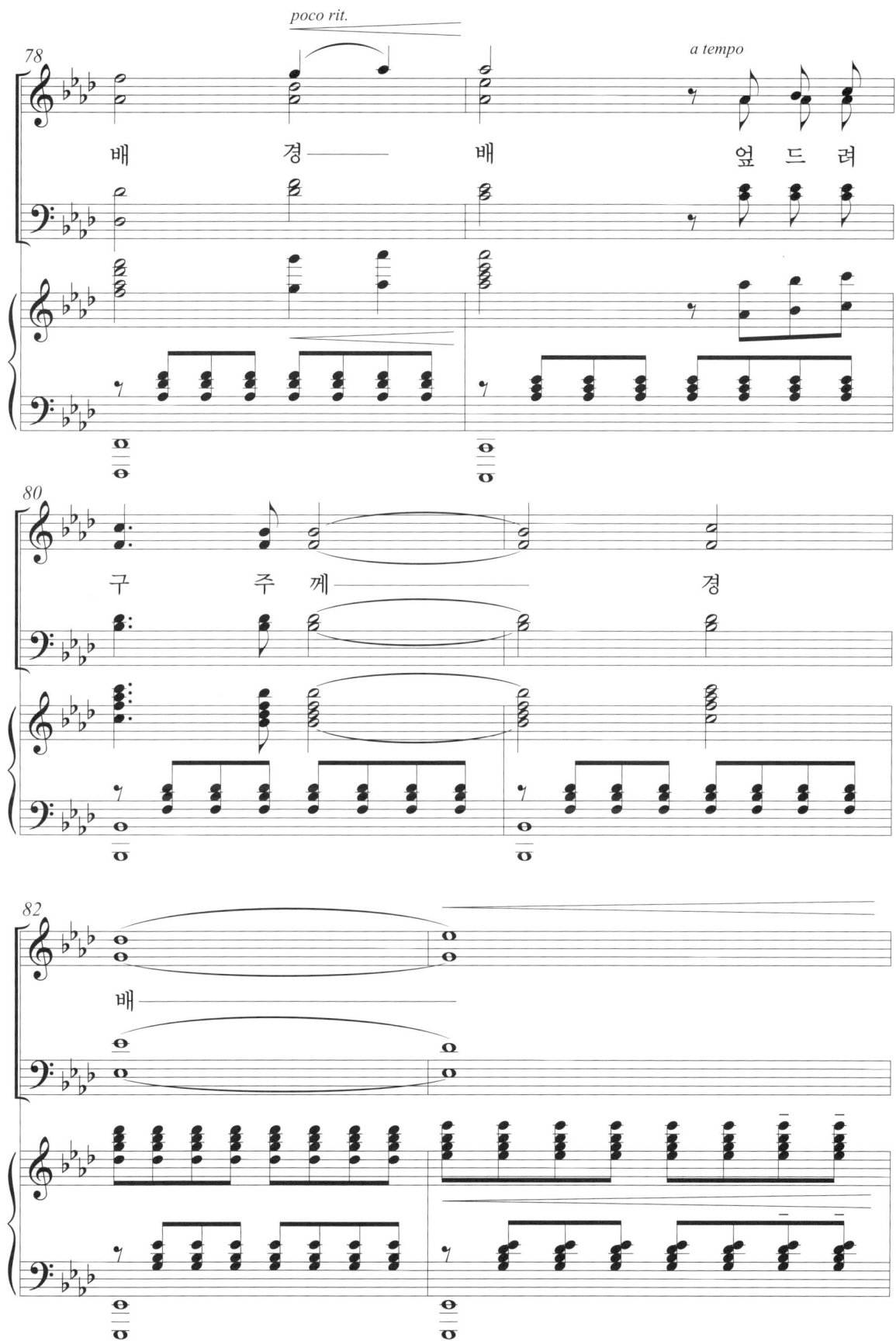

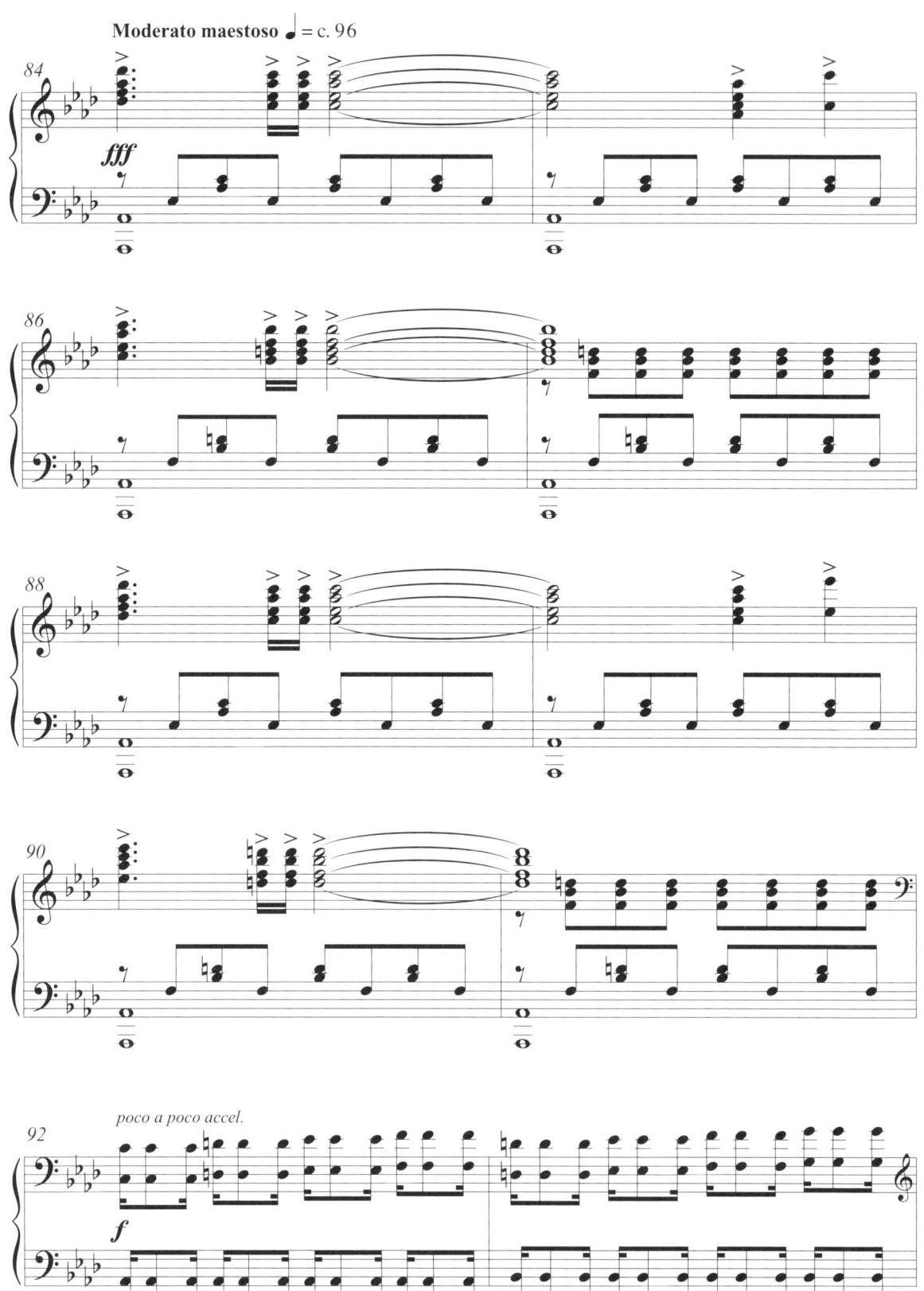

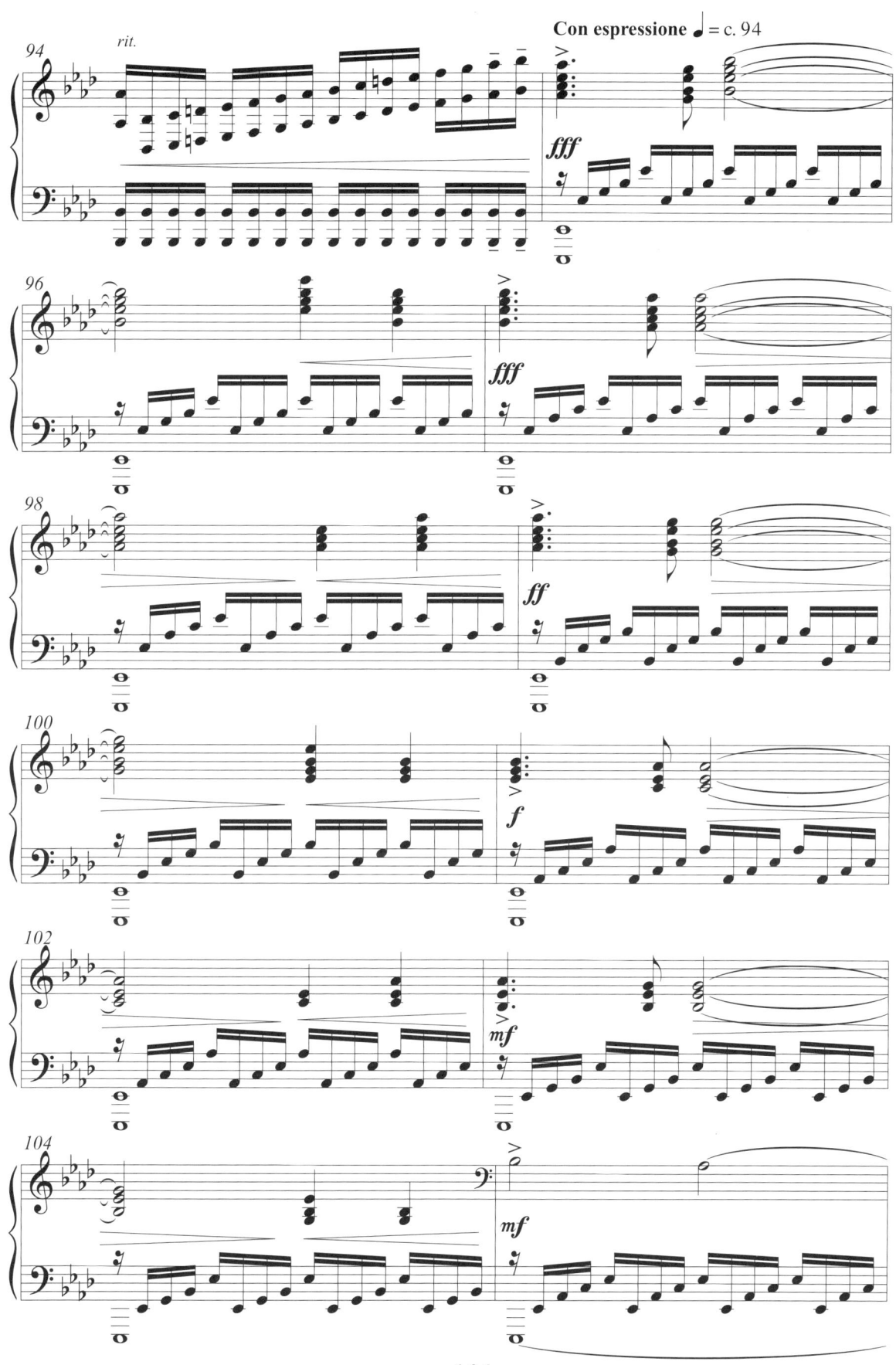

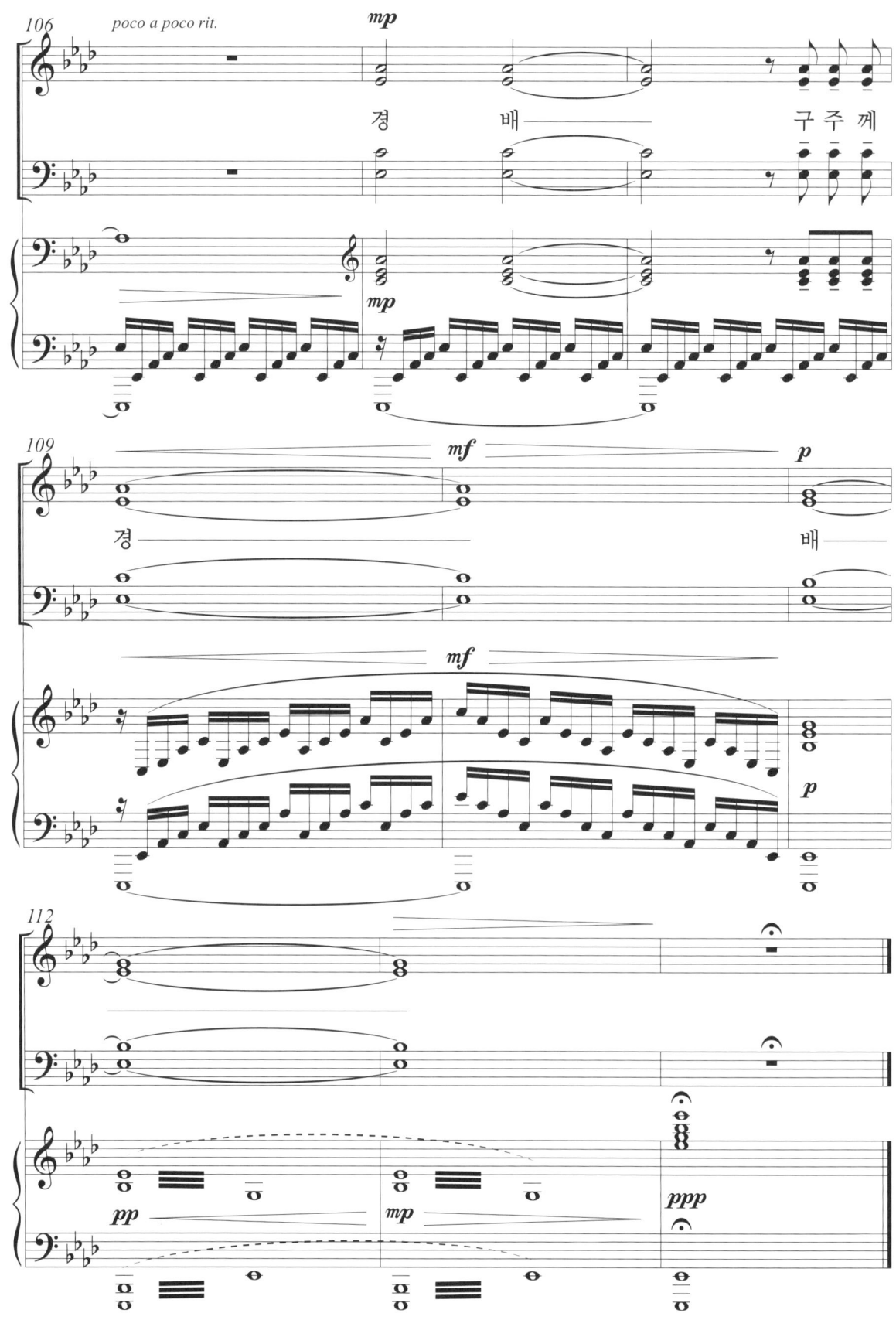

4부 - 말씀이 육신 되시다

Recitative (Alto) with Chorus
No.20 태초에 말씀이 계시니라

103

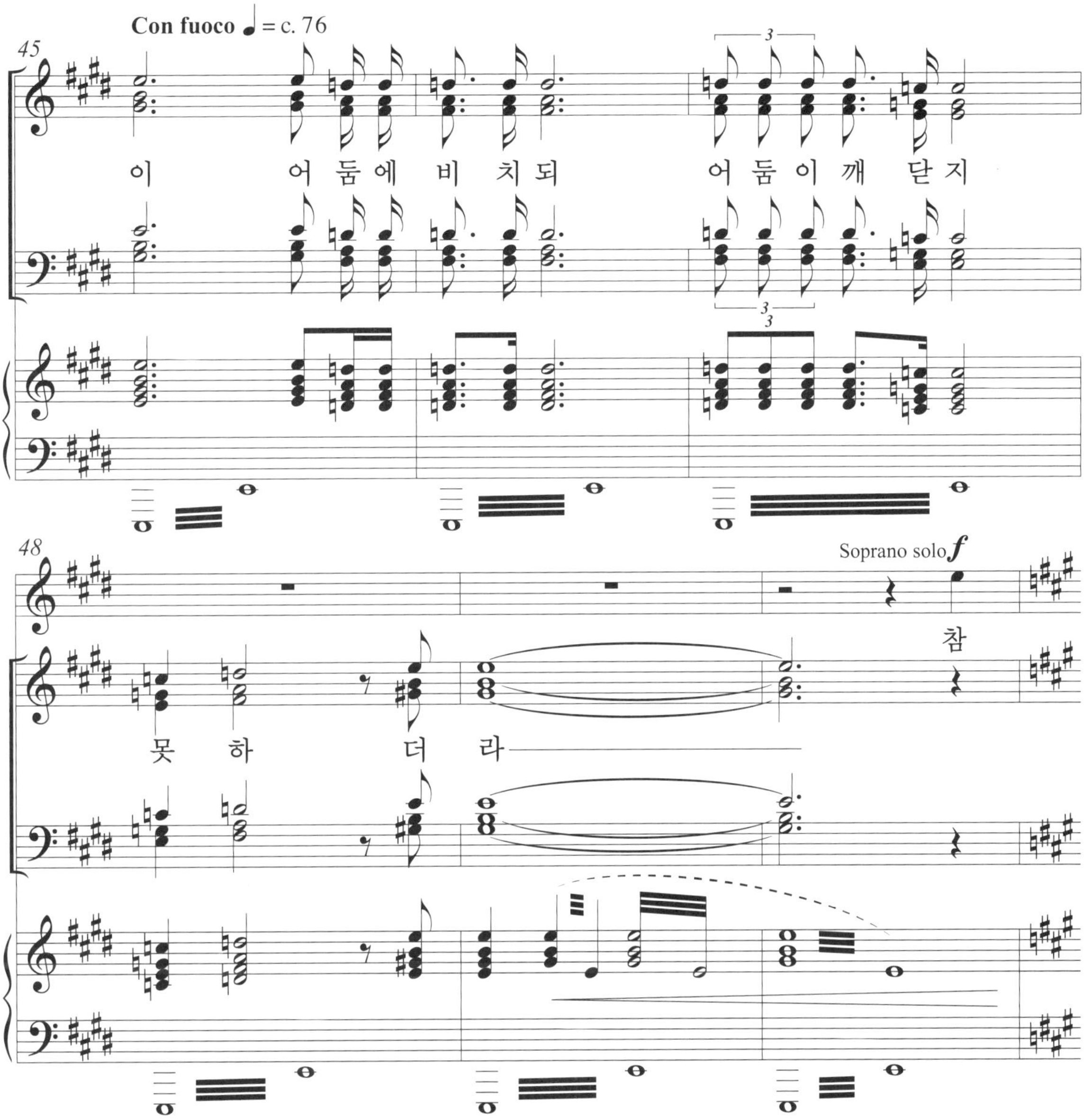

No.21 참 빛 곧 세상에 와서 각 사람에게 비추는 빛

Soprano solo with Chorus

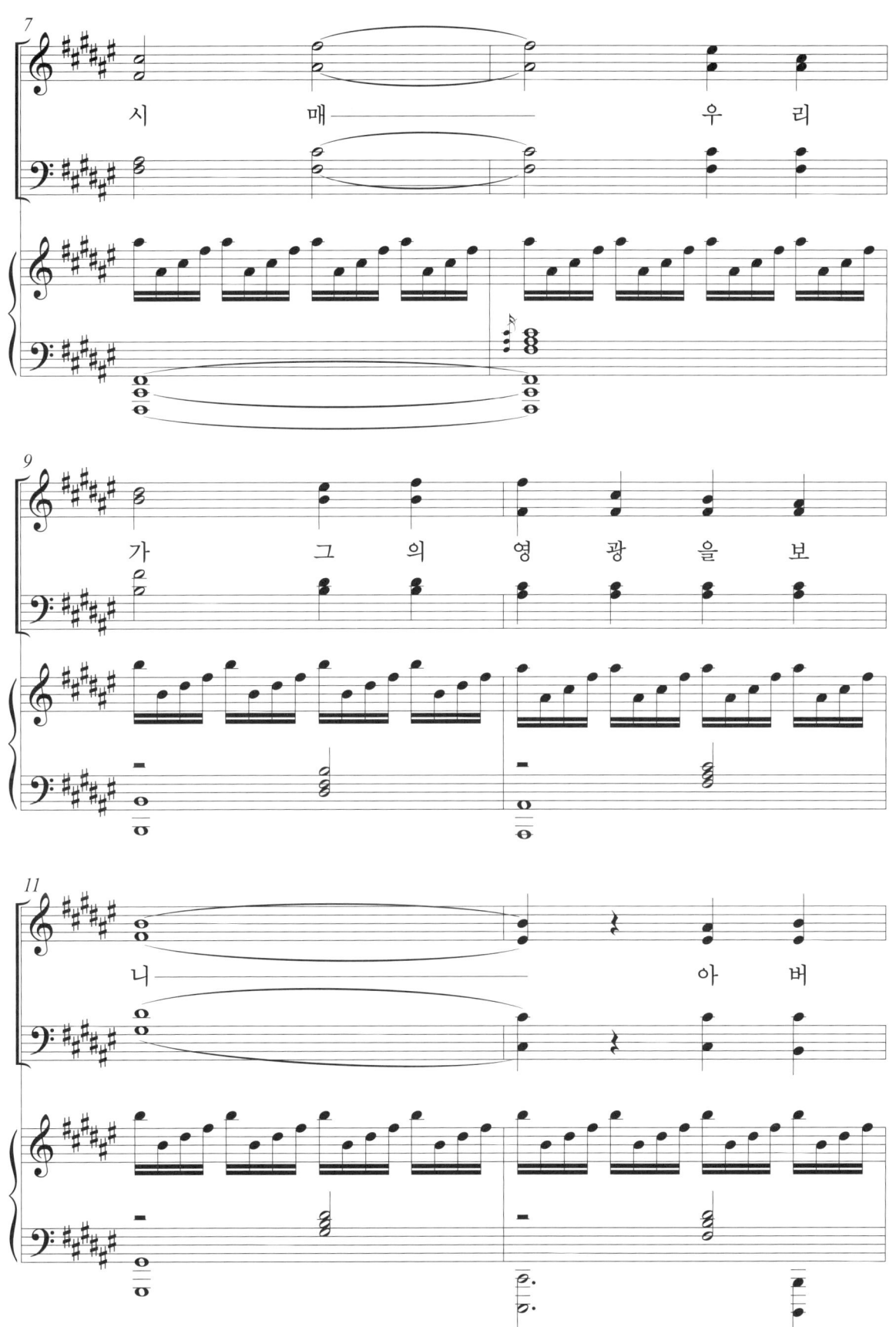

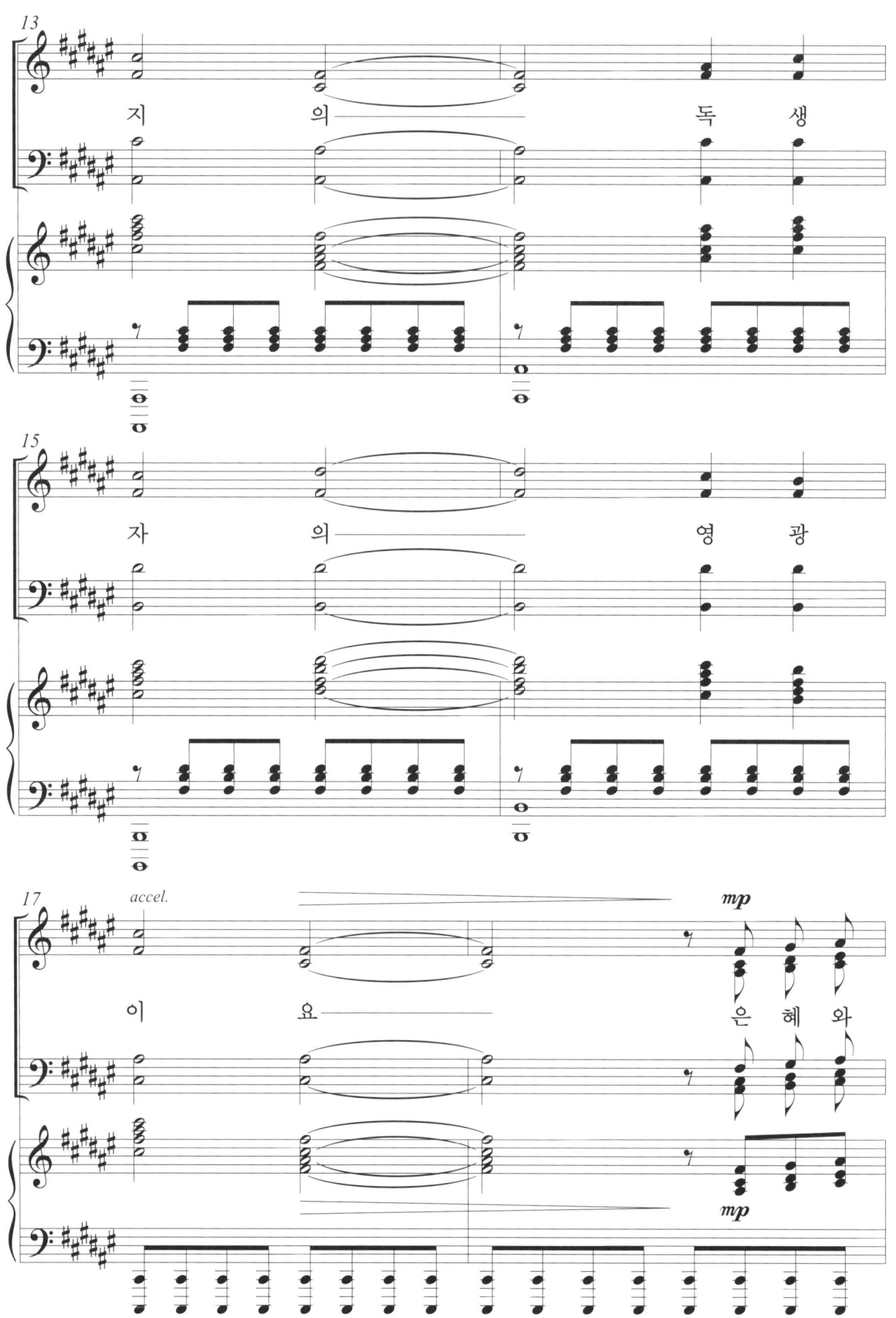

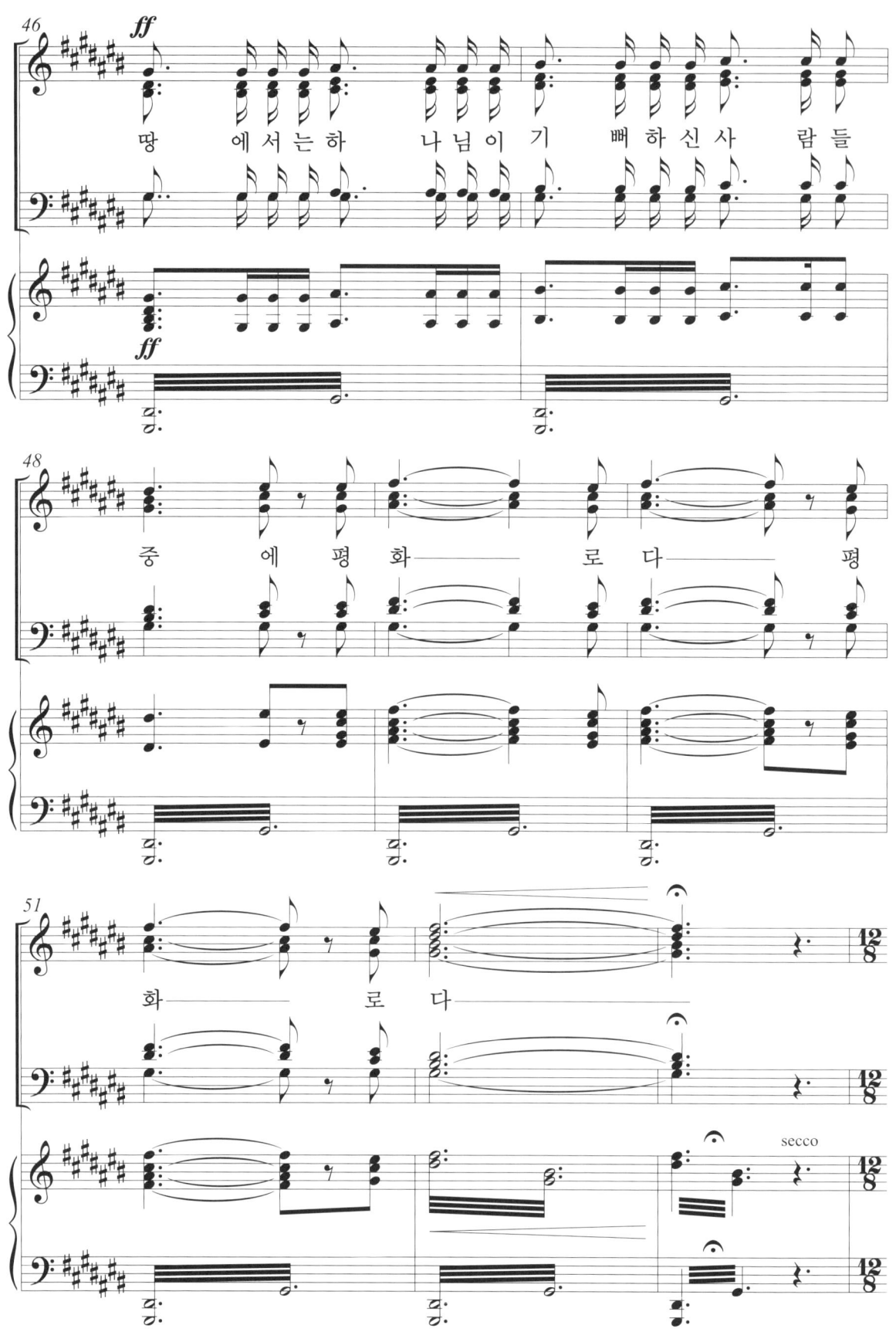

대본 임창복
이화여자대학교 사범대학 과학교육과 (B.S.)
장로회신학대학교 신학대학원 (M.Div.)
미국 프린스턴 신학대학원(Th.M.)
미국 피츠버그 대학교 (Ph.D.)

작곡 김신웅
장로회신학대학교 교회음악학과 (작곡전공) B.M.
한국예술종합학교 음악원 작곡과 (예술전문사) M.M.
독일 Suttgart 국립음대 작곡과 (전문과정) K.A.
독일 Suttgart 국립음대 작곡과 (최고과정) Solistenexamen
2018 제37회 대한민국 작곡상 수상
현) 한국작곡가협회 이사, 소망교회 베다니찬양대 지휘자
현) 장로회신학대학교 교회음악학과 작곡전공 교수

ORATORIO 예수 탄생

초판인쇄　2019년 9월 10일
초판발행　2019년 9월 20일
작　　곡　김신웅
대　　본　임창복
펴 낸 곳　사) 한국기독교교육교역연구원
주　　소　12430 / 경기 가평군 가평읍 호반로 1373
전　　화　(031) 584-8753 / 팩스 (031) 567-5325

총 판 처　비전북
전　　화　(031) 907-3927
등　　록　No.17-427(2005. 4. 7.)
ISBN 978-89-93377-49-1 / Printed in Korea

값 12,000원

※ 이 출판물은 저작권법에 의해 보호를 받는 저작물이므로 무단전재와 무단복사를 할 수 없습니다.